Gestão de contratos internacionais

Central de Qualidade — FGV Management
ouvidoria@fgv.br

FGV Management
PUBLICAÇÕES

SÉRIE COMÉRCIO EXTERIOR E NEGÓCIOS INTERNACIONAIS

Gestão de contratos internacionais

Carlos Cesar Borromeu de Andrade
Attila de Souza Leão Andrade Jr.
Sergio Barreira Belerique
Thais Castelli

FGV | EDITORA IDE

Copyright © 2014 Carlos Cesar Borromeu de Andrade,
Attila de Souza Leão Andrade Jr., Sergio Barreira Belerique, Thais Castelli

Direitos desta edição reservados à
EDITORA FGV
Rua Jornalista Orlando Dantas, 37
22231-010 — Rio de Janeiro, RJ — Brasil
Tels.: 0800-021-7777 — (21) 3799-4427
Fax: (21) 3799-4430
e-mail: editora@fgv.br — pedidoseditora@fgv.br
web site: www.fgv.br/editora

Impresso no Brasil / *Printed in Brazil*

Todos os direitos reservados. A reprodução não autorizada desta publicação, no todo ou em parte, constitui violação do copyright (Lei nº 9.610/98).

Os conceitos emitidos neste livro são de inteira responsabilidade dos autores.

1ª edição, 2014.

Revisão de originais: Sandra Frank
Editoração eletrônica: FA Editoração
Revisão: Fernanda Villa Nova de Mello e Fatima Caroni
Capa: aspecto:design
Ilustração de capa: Fesouza

Andrade, Carlos Cesar Borromeu de
    Gestão de contratos internacionais / Carlos Cesar Borromeu de Andrade...[et al.]. – Rio de Janeiro : Editora FGV, 2014.
    166 p. – (Comércio exterior e negócios internacionais (FGV Management))

    Em colaboração com: Attila de Souza Leão Andrade Jr., Sergio Barreira Belerique, Thais Castelli.
    Publicações FGV Management.
    Inclui bibliografia.
    ISBN: 978-85-225-1531-8

    1. Contratos de vendas para exportação. 2. Direito internacional privado – Contratos. 3. Responsabilidade (Direito). I. Andrade Junior, Attila de Souza Leão, 1947- . II. Belerique, Sergio Barreira. III. Castelli, Thais. IV. FGV Management. V. Fundação Getulio Vargas. VI. Título. VII. Série.

CDD — 342.3

Aos nossos alunos e aos nossos colegas docentes, que nos levam a pensar e repensar nossas práticas.

Sumário

Apresentação 11

Introdução 15

1 | **Direito interno e direito internacional** 17
    Estados soberanos 17
    Sistemas jurídicos 19
    Regras uniformes 23
    Tratados 23
    Lex mercatoria e leis-modelo 25
    Integração regional 27
    Direito e foro aplicáveis 29

2 | **Conceito de contrato internacional e outros aspectos** 37
    Conceito de obrigação e de contrato 37
    Conceito de contrato internacional 38

Planejamento e negociação preliminar 40
Proposta e aceitação 43
Forma escrita 45
Vícios da vontade 46
Alteração dos contratos 47
Extinção dos contratos 48

3 | **O inadimplemento contratual e suas consequências 51**
Evolução histórica da teoria da responsabilidade civil 51
A responsabilidade civil no direito brasileiro 62
Casos específicos de responsabilidade civil no direito brasileiro 63
Perdas e danos 70

4 | **Força maior e teoria da imprevisão 75**
A força maior e o caso fortuito 75
A teoria da imprevisão 79
Observações a respeito da força maior e da teoria da imprevisão 88

5 | **Contratos internacionais em suas várias modalidades – Primeira parte 93**
A compra e venda internacional 93
Contrato de agência e outros contratos afins 107
Contrato de distribuição 112
Licenciamento de marca 113
Franquia 115

6 | **Contratos internacionais em suas várias modalidades – Segunda parte** 119

    Prestação de serviços 119

    Acordos de associação e joint ventures 126

    Mútuos e garantias 130

7 | **Conflitos de leis e jurisdição internacional: solução de controvérsias** 139

    O direito internacional privado 139

    Regras de jurisdição nos contratos 140

    Autonomia da vontade das partes 142

    Limites à aplicação da lei estrangeira 144

    Consenso quanto às vantagens da composição amigável dos conflitos 145

    As diversas formas de solução de conflitos 146

    A arbitragem como técnica de solução privada de controvérsia 148

    Características geralmente atribuídas à arbitragem 149

    Pressupostos para a utilização da arbitragem 149

    Tipos de arbitragem 150

    A disciplina do instituto da arbitragem no Brasil 150

    Aperfeiçoamentos no sistema de homologação do laudo estrangeiro pelo STJ 152

Conclusão 157

Referências 159

Os autores 163

Apresentação

Este livro compõe as Publicações FGV Management, programa de educação continuada da Fundação Getulio Vargas (FGV).

A FGV é uma instituição de direito privado, com mais de meio século de existência, gerando conhecimento por meio da pesquisa, transmitindo informações e formando habilidades por meio da educação, prestando assistência técnica às organizações e contribuindo para um Brasil sustentável e competitivo no cenário internacional.

A estrutura acadêmica da FGV é composta por nove escolas e institutos, a saber: Escola Brasileira de Administração Pública e de Empresas (Ebape), dirigida pelo professor Flavio Carvalho de Vasconcelos; Escola de Administração de Empresas de São Paulo (Eaesp), dirigida pela professora Maria Tereza Leme Fleury; Escola de Pós-Graduação em Economia (EPGE), dirigida pelo professor Rubens Penha Cysne; Centro de Pesquisa e Documentação de História Contemporânea do Brasil (Cpdoc), dirigido pelo professor Celso Castro; Escola de Direito de São Paulo (Direito GV), dirigida pelo professor Oscar Vilhena Vieira; Escola de Direito do Rio de Janeiro (Direito Rio), dirigida pelo professor Joaquim Falcão; Escola de Economia de São Paulo (Eesp), dirigida pelo professor Yoshiaki Nakano; Instituto Brasileiro de Economia (Ibre), dirigido pelo professor Luiz Guilherme Schymura de Oliveira; e Escola de Matemática Aplicada (Emap), dirigida pela professora Maria Izabel Tavares Gramacho. São diversas unidades com a marca FGV, trabalhando com a mesma filosofia: gerar e disseminar o conhecimento pelo país.

Dentro de suas áreas específicas de conhecimento, cada escola é responsável pela criação e elaboração dos cursos oferecidos pelo Instituto de Desenvolvimento Educacional (IDE), criado em 2003, com o objetivo de coordenar e gerenciar uma rede de distribuição única para os produtos e serviços educacionais produzidos pela FGV, por meio de suas escolas. Dirigido pelo professor Rubens Mario Alberto Wachholz, o IDE conta com a Direção de Gestão Acadêmica pela professora Maria Alice da Justa Lemos, com a Direção da Rede Management pelo professor Mário Couto Soares Pinto, com a Direção dos Cursos Corporativos pelo professor Luiz Ernesto Migliora, com a Direção dos Núcleos MGM Brasília e Rio de Janeiro pelo professor Silvio Roberto Badenes de Gouvea, com a Direção do Núcleo MGM São Paulo pelo professor Paulo Mattos de Lemos, com a Direção das Soluções Educacionais pela professora Mary Kimiko Magalhães Guimarães Murashima, e com a Direção dos Serviços Compartilhados pelo professor Gerson Lachtermacher. O IDE engloba o programa FGV Management e sua rede conveniada, distribuída em todo o país e, por meio de seus programas, desenvolve soluções em educação presencial e a distância e em treinamento corporativo customizado, prestando apoio efetivo à rede FGV, de acordo com os padrões de excelência da instituição.

Este livro representa mais um esforço da FGV em socializar seu aprendizado e suas conquistas. Ele é escrito por professores do FGV Management, profissionais de reconhecida competência acadêmica e prática, o que torna possível atender às demandas do mercado, tendo como suporte sólida fundamentação teórica.

A FGV espera, com mais essa iniciativa, oferecer a estudantes, gestores, técnicos e a todos aqueles que têm internalizado o conceito de educação continuada, tão relevante na era do conhecimento na qual se vive, insumos que, agregados às suas práticas, possam contribuir para sua especialização, atualização e aperfeiçoamento.

Rubens Mario Alberto Wachholz
Diretor do Instituto de Desenvolvimento Educacional

Sylvia Constant Vergara
Coordenadora das Publicações FGV Management

Introdução

O objetivo deste livro é fornecer aos leitores uma visão panorâmica sobre o conceito e as características dos contratos internacionais, discorrer sobre alguns dos principais tipos desses contratos e apresentar aspectos básicos ligados à responsabilidade das partes e à solução de controvérsias relacionadas com obrigações e contratos internacionais.

O capítulo 1 faz a distinção entre o direito interno e o direito internacional, discorrendo sobre *lex mercatória*, tratados e integração regional.

O capítulo 2 apresenta o conceito de contrato internacional, fala sobre a formação do contrato, os contratos escritos e os não escritos, os vícios de vontade que podem macular o vínculo contratual. Trata, ainda, da alteração e extinção dos contratos.

O capítulo 3 procura apresentar a questão da responsabilidade civil e trata do descumprimento do contrato e suas consequências.

O capítulo 4 aborda circunstâncias especiais que podem afetar os contratos – as chamadas situações ou eventos de força maior e *hardship*.

Os capítulos 5 e 6 dividem a análise dos principais tipos de contratos. O primeiro deles trata de compra e venda internacional e outros contratos de alguma forma a ela correlacionados: agência e distribuição, licenciamento de marca, franquia. O capítulo 6 versa sobre a prestação de serviços, os acordos de associação e *joint ventures*, bem como mútuos e garantias.

O capítulo 7 trata dos conflitos de leis e jurisdição internacionais, examina a questão do foro nos contratos internacionais e, em seguida, discorre sobre o contencioso no exterior e a execução de sentença estrangeira no Brasil, aproveitando para tratar das chamadas formas alternativas de resolução de conflitos no âmbito internacional (ADR), da arbitragem e da mediação.

O crescimento da presença brasileira em atividades internacionais tem gerado maior atenção aos temas ligados ao comércio exterior, e a contratação comercial internacional se apresenta como um dos assuntos a serem levados em consideração quando se analisa tal situação.

Esperamos que a leitura deste livro, de conteúdo prático, possa ser útil a tantos quantos, estudando ou procurando se atualizar, venham a consultá-lo.

Boa leitura!

1

Direito interno e direito internacional

Este primeiro capítulo procura situar você, leitor, quanto a algumas questões básicas do direito internacional e dos diversos sistemas jurídicos existentes.

Estados soberanos

Cada Estado, ou país, é uma entidade própria, autônoma, um sujeito de direito público, com capacidade e personalidade que se manifestam por meio de seus órgãos legislativo, executivo e judiciário, sendo por meio da lei que o Estado exerce suas prerrogativas em prol do bem comum, garantindo os direitos de seus cidadãos.

O território no qual se encontra fixado é um elemento que integra o Estado, sendo representado por um espaço físico delimitado sobre o qual ele irá exercer suas ações.

O próprio Estado, dispondo de seu território, pode impedir que outros Estados aí exerçam poderes, sendo, pois, o território o limite natural e normal de suas ações. Portanto, no território de cada Estado vige, tão somente, uma ordem jurídica, não sendo lícito a nenhum país praticar atos coativos dentro do território nacional de outro país.

A soberania de cada país, representada por figuras como independência e autonomia, traz consigo a liberdade de produzir e fazer imperar suas próprias leis no seu território.

No Estado democrático, a soberania é caracterizada pela supremacia da lei – que orienta e constitui o direito nacional –, de incidência e aplicação em toda a extensão do seu território. Daí dizer-se que a lei, expressão do Estado, que existe para coordenar e estruturar com exclusividade a sociedade segundo parâmetros do bem comum e do justo, tem aplicação e efeito apenas dentro do território deste Estado, o que afirma o caráter territorial das leis, configurando o chamado "princípio da territorialidade das leis", tão caro ao direito internacional.

O termo "lei", aqui utilizado, deve ser naturalmente considerado em seu sentido amplo, de modo a abranger toda a sequência hierárquica de normas legais, a começar pela Constituição Federal, seguida das demais regras constantes da legislação infraconstitucional do país.

Uma vez que ao Estado compete a exclusividade de criar suas próprias leis, tem-se como consequência imediata a impossibilidade de aplicação e execução direta e automática de outra lei produzida no estrangeiro, emanada de outro Estado soberano, salvo se este próprio Estado assim previr, o que chamamos "extraterritorialidade da lei". Desse modo, embora se admita a existência de poderes iguais de outros Estados, pela soberania não há poder, no território respectivo, que seja superior ao do Estado de onde emana e onde se aplica a lei por ele criada.

De igual sorte, é também advindo da soberania do Estado o poder incontrastável de decidir, em última instância, sobre a validade dos atos dentro do seu território nacional, impondo e fazendo cumprir as leis, o que vale dizer que compete ao Estado, como prerrogativa, o monopólio da jurisdição, ou seja, a capacidade e competência para "dizer o direito".

Em outras palavras, compete ao Poder Judiciário de cada Estado declarar e aplicar o direito vigente no seu território, direito este criado pelo Poder Legislativo e que regula a conduta das pessoas e qualifica os acontecimentos em seu território. Não há, por conseguinte, tribunal internacional que possa dizer o direito aplicável, salvo em questões especiais, como aquelas de interesse de Estados, sujeitas à Corte Internacional de Justiça de Haia. Cabe ao Judiciário local decidir, solucionando eventual conflito a partir da aplicação do direito, sendo que, em situações internacionais, o próprio reconhecimento da decisão de um tribunal, para que tal decisão possa ser aplicada em outro país, dependerá do reconhecimento da validade dessa sentença estrangeira pelo Judiciário daquele outro país onde a sentença será executada.[1]

Sistemas jurídicos

Como visto, o Estado deve "dizer o direito" dentro de seu território. Todavia verifica-se uma diferenciação entre os sistemas jurídicos existentes nos diversos países, sendo em alguns deles vigente a *common law*, sistema jurídico fundado na aplicação do direito costumeiro, isto é, um direito criado com base em usos e costumes, e decisões judiciais usadas como precedentes. Em outros países vige a *civil law*, sistema baseado no direito codificado criado pela autoridade local, reunido em leis formais e códigos. A doutrina identifica outras formas, tipos de direito ou sistemas jurídicos, sendo, contudo, esses dois os principais modelos hoje existentes.

---

[1] Sobre o tema, ver Castelli (2006, cap.1).

A obra clássica do jurista francês René David (1998a:36) identifica, além da *common law* e da *civil law*, outras "famílias de direitos", cada uma com suas características próprias:

❏ família romano-germânica (ou *civil law*);
❏ família da *common law;*
❏ família dos direitos socialistas;
❏ família do direito muçulmano;
❏ família do Extremo Oriente;
❏ família da África negra, Madagascar.

Neste item, apresentaremos linhas gerais destes dois principais sistemas, denominados respectivamente *common law* (ou direito comum) e *civil law* (direito civil, ou sistema romano-germânico).

Os princípios vigentes num e noutro sistema acabam refletindo na própria redação adotada nos contratos internacionais, uma vez que estes são, em geral, elaborados à luz de um deles. Cada contrato, portanto, acaba sujeito ao sistema de sua vinculação, no que toca a sua validade e execução.

Civil law

Sistema de tradição romano-germânica, de origem remota no direito romano, é aquele que fundamenta seu direito em leis escritas e codificadas. Trata-se do sistema mais comumente adotado, existindo em países de origem europeia em sua maioria, bem como em suas respectivas antigas colônias, inclusive no Brasil, e em países da Ásia, como o Japão – neste último caso sujeito a certos temperamentos e influências locais, como identifica René David ao comentar, por exemplo, as influências dos preceitos ético-familiares no direito japonês.

Ao juiz que atua nesse sistema jurídico caberá, portanto, não "criar" o direito – por meio de seus julgados que considerem casos análogos anteriores ou os costumes, como ocorre na *common law* –, mas aplicar o direito em vigor, interpretando a lei preexistente à controvérsia.

Por mais que represente um sistema no qual modificações no direito são feitas com maior dificuldade, por terem de observar procedimentos próprios de criação e modificação da lei, o sistema romano-germânico é de mais fácil acesso e conhecimento por parte da sociedade, dando-lhe maior segurança do que se pode ou não fazer. Isso porque são editados conjuntos de normas sobre diversos temas de importância jurídica (as leis e códigos), e esses textos são de todos expressamente conhecidos, porque divulgados em publicações oficiais.

Convém ressaltar que, ainda que o sistema romano-germânico esteja fundado primordialmente em normas escritas preexistentes, verifica-se, com a evolução e os intercâmbios culturais, a aplicação de costumes e, sobretudo, a obrigatoriedade de aplicação de decisões anteriores em determinadas matérias análogas, à guisa de verdadeiros "precedentes" – no Brasil, as súmulas de jurisprudência dos tribunais mais elevados, ou súmulas vinculantes do Supremo Tribunal Federal, em matéria estabelecida na Constituição Federal, aprovada por 2/3 de seus ministros.

No âmbito dos contratos, verifica-se que aqueles constituídos em países que adotam o sistema do direito civil, ou romano-germânico, são mais sucintos, referindo-se à lei sem que necessitem repetir no corpo do contrato previsões nela estabelecidas. Já nos contratos sujeitos à *common law*, porque submetidos à regra dos precedentes judiciais e do direito costumeiro, vemos maior densidade textual, em que se busca deixar previstas todas as possibilidades de disciplina das situações, de modo a reduzir a discricionariedade dos julgadores, procurando, como se diz, "fazer lei entre as partes" a partir de decisões anteriores proferidas em situações análogas.

A expressão "fazer lei entre as partes" está aqui escrita entre aspas porque, como sabemos, quem faz a lei é o Legislativo. Mas esta é uma expressão tradicionalmente usada para demonstrar a obrigatoriedade de cumprimento do que for acordado entre as partes num contrato, uma reminiscência do princípio segundo o qual os contratos devem ser cumpridos, refletido na conhecida expressão latina *pacta sunt servanda*.

Common law

Tendo as legiões romanas chegado tarde à Britânia, e com a chegada dos anglo-saxões, verifica-se a implementação dos costumes na criação do direito, no sentido de que, uma vez julgado um caso de determinada maneira, os demais casos que lhe sejam análogos devem seguir a mesma linha, base da *common law*. Portanto, esse sistema de direito não deriva de códigos, porém das decisões dos juízes, de precedentes. É adotado pelos ingleses, americanos e por diversos povos de antigas colônias britânicas. Ao juiz cabe criar o direito, com base em diretrizes e valores internos, observados os casos já julgados.

Embora tenha a vantagem de poder vir a ser, em certo sentido, mais dinâmico, permitindo uma constante atualização do direito com base nos casos novos que versem sobre situações inusitadas e, portanto, configurem decisões surgidas na sociedade, trata-se de sistema de acesso e consulta mais complexo. Além disso, como existe a reiteração dos julgados face ao princípio de não se alterar o que funciona (*stare decisis*), também existe esse elemento que não favorece as mudanças.

Certo é, contudo, que, *nos países que adotam a common law*, se verificam uma evolução e um intercâmbio cultural com regimes de lei escrita, ou de *civil law*, passando a incluir numerosas leis codificadas, em especial em matérias em que se exige certo tecnicismo e previsibilidade, como a societária, a financeira, a tributária e a regulatória.

Quanto aos contratos, observa-se que os produzidos em países de *common law* são, em geral, mais extensos, como dito, contendo definições e provisões de tudo que deve fazer parte da relação jurídica criada entre as partes. Isto para evitar futura decisão de juízes que, diante da ausência de lei ou regra contratual expressa, possam aplicar precedentes, utilizando-se, por analogia, de fatos e disposições oriundos de decisões judiciais anteriores, denominadas *precedentes*, que não façam parte da realidade efetiva do que foi acordado ou do interesse das partes contratantes.

Regras uniformes

O Estado soberano, além de criar e dizer o direito em seu território, aplicável para regular as obrigações que ali se constituem, tem a faculdade de criar, manter e terminar relações com outros Estados.

Uma vez que os Estados e seus cidadãos estão em constante contato entre si, faz-se necessário estabelecer regras para a convivência harmônica. Ora, como conceber um mundo globalizado, da era da internet, em que as relações entre os indivíduos, pessoas do comércio e entre os próprios Estados não possuem mais fronteiras, sem admitir a existência de regras e diretrizes que possam ser aplicadas comumente entre os países para regular as situações?

Tratados

Os Estados e organizações internacionais, por meio de acordos, estabelecem as normas de conduta que se obrigam a seguir em suas relações internacionais entre Estados e nas relações internacionais entre os indivíduos de seus territórios, viabilizando a intensificação de comércio, o fluxo de pessoas e a garantia de que os direitos gozem de proteção legal mais uniforme e harmoniosa em uma órbita internacional. Esses acordos, ou tratados, têm fundamental importância para a chamada "nova ordem internacional", gerando a responsabilidade de cada Estado perante os demais signatários e perante a sociedade internacional como um todo em cumprir com o que foi acordado, o que tem efeito direto na política externa, baseada na confidencialidade e na credibilidade. Embora tenham-se tornado extremamente necessários, a questão que ainda se coloca é a falta de mecanismos efetivos para garantir o cumprimento dos deveres e obrigações acordados nos tratados.

Inúmeros são os exemplos de matérias que, em razão de sua natureza e de problemáticas advindas das relações internacionais, foram objeto de tratados.

Vejamos alguns exemplos a seguir (Castelli, 2011):

Como de fato poderá o empresário pretender proteger, por exemplo, sua marca em vários países se cada país entender de maneira diferente a regulação desse direito à proteção? Isto faria com que o empresário tivesse grandes dificuldades em vir a criar e utilizar uma mesma marca em vários países. Essas questões foram minimizadas por meio de tratados, como a Convenção de Paris e o Acordo Trips (Trade Related Aspects of Intellectual Property Rights ou Acordo Relativo aos Aspectos da Propriedade Intelectual Relativos ao Comércio), existente no seio da Organização Mundial de Comércio (OMC).

Ou, ainda, poderia ser injusto para um empresário pensar em criar e manter negócios em vários países tendo de, em todos os casos, pagar imposto sobre o lucro auferido no exterior e, concomitantemente, no seu país de origem, o que ensejaria a dupla tributação, ou seja, a tributação duas vezes pelo mesmo fato – o lucro auferido. Para regular essa situação, os Estados firmam tratados chamados de "acordos de bitributação", ou *double taxation treaties*, que determinam em que medida tributar a renda auferida no exterior.

Uma vez firmado o tratado, cabe a cada Estado regular como tal acordo deve entrar no seu direito interno, como irá passar a fazer parte de seu sistema jurídico, para que seja cumprido e aplicado dentro de seu território. No Brasil, é requerida a ratificação pelo Congresso Nacional e a promulgação pelo presidente da República, por meio de todo um processo de internalização dos tratados (Castelli, 2006).

Lex mercatoria e leis-modelo

Em razão das necessidades advindas da comunidade internacional do comércio, passou-se a, progressivamente, reconhecer a existência de um conjunto de normas criadas materialmente pelos costumes e práticas internacionais. Tal fato deve ser associado à ação de entidades internacionais, como a Câmara de Comércio Internacional (CCI) de Paris, responsável pela uniformização de procedimentos referidos nos contratos privados, como a referência aos International Commercial Terms (Incoterms) e às normas de Uniform Customs and Practice for Documentary Credits.

Passa, então, a se materializar aquilo que a doutrina representada por autores como Berthold Goldman, Clive Schmitthoff e Philip Kahn, a partir de meados do século XX, veio a chamar de *lex mercatoria*, expressão tomada do sistema que vigorava na Idade Média, em que todas as principais cidades e grandes corporações comerciais buscavam harmonizar suas regras aplicáveis ao comércio, de modo a facilitar a formação e execução dos contratos e a disciplina da atividade comercial de um modo geral.

Trata-se de regras desvinculadas do direito dos Estados, mas que são comumente conhecidas pelos atuantes no comércio internacional. São, portanto, fundadas no costume, em práticas comerciais internacionais, na jurisprudência, isto é, decisão de forma reiterada num mesmo sentido de casos e em decisões arbitrais, que acabam por dizer como determinadas matérias são reguladas na prática e, assim, seguidas por outros atuantes do comércio internacional.

Todavia não se pode entender a *lex mercatoria* como um regramento supranacional dos Estados, existindo, isto sim, uma teia de sistemas legais e praxes comerciais independentes utilizadas pelos diversos países.

Ainda nesse sentido de uniformização de regras, convém mencionar as leis-modelo criadas no âmbito da United Nations Comission on Trade Law (Uncitral). Trata-se de comissão, criada em 1966 pelas Nações Unidas, que busca estruturar e regular o comércio internacional em cooperação com a Organização Internacional do Comércio (World Trade Organization). O objetivo é promover a progressiva harmonização e unificação da legislação do comércio internacional, visando, com as leis-modelo, orientar os Estados à adoção de regras uniformes na sua lei interna.

Lex mercatoria, hoje, seria, portanto, o conjunto de práticas adotadas reiterada e uniformemente pelos agentes econômicos para regular suas relações comerciais internacionais. Entre elas se destacam, além da harmonização e unificação legislativa citada, a adoção de contratos-tipo ou padronizados, o uso de condições gerais de venda de diversas instituições e o recurso às normas padronizadas expedidas pela Câmara de Comércio Internacional de Paris sobre diversos temas. Exemplos dessa tendência: os Incoterms, as normas sobre crédito documentário e garantias contratuais da Câmara de Comércio Internacional e outras regras de aplicação generalizada no comércio internacional, criadas ou compiladas com o objetivo de harmonizar e facilitar esse intercâmbio (Borromeu de Andrade, 2006).

Integração regional

Verifica-se uma tendência mundial de organização de mercados regionais globais, nos quais grupos de países encontram vantagens em reunir esforços em direção à criação de blocos comerciais que buscam eliminar as barreiras alfandegárias e facilitar o comércio regional, entre outras vantagens. Com isso, diminuem as diferenças de tratamento das regras internas dos Estados, passando-se a aplicar o que foi pactuado.

Respeitadas uma graduação e as características próprias, verifica-se, na prática, um movimento dos países na tentativa de estabelecer blocos ou associações para atingir verdadeiros mercados comuns.

Nessa linha, variam progressivamente as seguintes modalidades (Castelli, 2011):

- ❑ zona de preferência tarifária: adoção recíproca de níveis tarifários preferenciais – inferiores se comparados aos de países não membros;
- ❑ zona de livre-comércio: eliminação de todas as barreiras tarifárias e não tarifárias incidentes sobre o comércio dos países do grupo;
- ❑ união aduaneira: países-membros adotam uma mesma tarifa às importações provenientes de mercados externos e políticas comuns em matéria alfandegária e comercial;
- ❑ mercado comum: livre circulação de fatores produtivos, como capital e trabalho;
- ❑ união econômica e monetária: associada à criação de uma moeda única e uma política comum em matéria monetária, conduzida por um banco central comum;
- ❑ união política.

Alguns exemplos ilustram essas integrações:

- a União Europeia – mercado comum e também união econômica e monetária;
- o North American Free Trade Agreement (Nafta), congregando Canadá, Estados Unidos e México – zona de livre-comércio;
- o Mercado Comum do Sul (Mercosul), formado por Argentina, Brasil, Paraguai, Uruguai e, recentemente, Venezuela, cuja incorporação jurídica se deu em 13 de agosto de 2012, com outros países em diferentes estágios do processo de adesão – união aduaneira, com a criação da tarifa externa comum (TEC);
- a Associação Latino-Americana de Integração (Aladi) – zona de preferência tarifária.

Outra situação que merece destaque é o Sistema Geral de Preferências (SGP), criado no âmbito da Conferência das Nações Unidas para o Comércio e Desenvolvimento (Unctad). Ainda que não represente uma forma propriamente dita de integração regional, principalmente por constituir um ato de concessão e de liberalidade unilateral de um Estado beneficiando outros sem que haja reciprocidade de tratamento, trata-se de medida que visa diminuir as barreiras tarifárias entre Estados, com maior harmonização e facilitação do comércio.

Por meio do SGP, certos produtos, originários e procedentes de países beneficiários em desenvolvimento e de menor desenvolvimento, recebem tratamento tarifário preferencial, ou seja, redução da tarifa alfandegária nos mercados dos países outorgantes desse programa: União Europeia (28 Estados-membros), Estados Unidos (inclusive Porto Rico), Rússia, Belarus e Cazaquistão, Suíça, Japão, Turquia, Canadá, Noruega, Nova Zelândia e Austrália. O objetivo é que mercadorias de países em desenvolvimento possam ter um acesso privilegiado aos mercados

dos países desenvolvidos, como dito, em bases não recíprocas, superando-se, dessa forma, o problema da deterioração dos termos de troca e facilitando o avanço dos países beneficiados nas etapas do processo de desenvolvimento.

Direito e foro aplicáveis

Entre os pontos importantes nas obrigações internacionais e, no nosso caso, nos contratos internacionais em geral, destaca-se a definição do direito e do foro (tribunal) aplicáveis para regular dada situação (ou contrato). Ou seja: considerando a diversidade de legislações, sendo cada uma aplicada no âmbito do seu Estado, diante de determinado problema advindo da relação entre partes de distintos países ou, mais especificamente, decorrendo do que foi acordado entre as partes num contrato internacional, qual a regra (ou direito) que iremos aplicar para resolvê-lo? Da mesma maneira, o tribunal de qual Estado (jurisdição) será competente para receber a controvérsia que venha a ocorrer e poderá dizer o direito, decidindo a causa?

Assim, nesta seção analisaremos o que são as situações internacionais sujeitas a esse questionamento, como os países regulam a aplicação do seu direito e do foro (tribunal) competente por meio de regras de direito internacional privado e como as pessoas envolvidas podem definir nos contratos as regras aplicáveis em caso de conflitos (Castelli, 2011).

Situação internacional

Pela ótica da expansão do comércio e da informação, resultado do fenômeno denominado globalização, que em sua essência preconiza a eliminação de fronteiras, inúmeras são as situações e relações que ocorrem envolvendo pessoas e objetos pertencentes a países distintos. Esse intercâmbio internacional amplamente comentado – envolvendo os lados mercantil, pessoal, artístico, científico –, que por si transcende fronteiras, gera efeitos práticos que devem estar sujeitos a determinadas regras.

Trazendo isso para o comércio internacional, por exemplo, diariamente vemos compra e venda de produtos exportados de um país para outro; agentes comerciais que, localizados em determinado país, são responsáveis pela intermediação da venda de produtos a clientes situados em territórios distintos; ou mesmo o licenciamento de uma marca de empresa domiciliada num país, para ser utilizada por outra empresa, num território distinto.

Todas estas situações que, em geral, envolvem objetos ou pessoas situadas em países diferentes são consideradas situações internacionais.

Regras de direito internacional. Direito aplicável. Elemento de conexão

Havendo uma situação internacional, fato é que, em tese, mais de um direito poderia ser aplicado para regulá-la. Em outras palavras, o desenvolvimento e a intensidade da vida humana fazem com que várias relações sociais escapem de sua sincronização habitual com a lei de um lugar e incidam na órbita de outras leis, vindo a ficar em contato com mais de uma de tantas outras ordenações jurídicas, autônomas e divergentes que existem no mundo e em cada país.

Em termos práticos, num contrato de compra e venda firmado no Brasil entre uma empresa brasileira, que se obriga a exportar produtos, e uma empresa situada na Bélgica, que se obriga a pagar o preço acordado, verifica-se a possibilidade de incidência de dois direitos: o brasileiro e o belga. A isso se chama "conflito de leis no espaço".

Nesses casos, o direito interno de cada país estabelece, em suas regras de direito internacional, diretrizes sobre qual o direito a ser aplicado. Especificamente no que tange aos contratos, prevalece, no direito brasileiro, a seguinte regra: aplica-se a lei do local da execução ou constituição da obrigação, de celebração do contrato, conforme art. 9º e seu §1º, da Lei de Introdução às Normas do Direito Brasileiro (Decreto-Lei nº 4.657, de 4 de setembro de 1942).

Verifica-se, portanto, que a partir da aplicação do direito interno brasileiro, permitir-se-á aplicar, para reger determinada situação, uma lei estrangeira, caso o contrato tenha sido executado ou constituído no exterior. A isso se dá o nome de *extraterritorialidade da lei*. Entretanto, ressalta-se que poderia ser reiterada a aplicação do direito nacional para reger tal ato (Castelli, 2006).

Para a mesma situação internacional, igualmente o tribunal de mais de um país pode ser competente para julgar (aplicar o direito) em determinado caso. No exemplo previsto anteriormente, tanto o tribunal do Brasil quanto o da Bélgica podem ser responsáveis por julgar a causa, uma vez que a ação lhes tenha sido apresentada. Qual deles será, de fato, o Estado competente para tramitar o processo de julgamento?

Para esse e outros casos envolvendo situações internacionais, aplicam-se as regras internas do Estado, que determina se seu tribunal deve ou não dizer o direito.

No Brasil, essa regra encontra-se nos arts. 88 a 90 do Código de Processo Civil, diploma legal que determina que as partes podem escolher qual foro (tribunal) aplicar, desde que não firam a ordem pública. Ou seja, não podem ser modificados ou violados por nacionais e estrangeiros os princípios básicos da regra interna do país, como a primazia do regime democrático, o respeito aos direitos humanos, quando, por exemplo, a ação for originária de fato ocorrido no Brasil ou no Brasil tiver de ser cumprida a obrigação.

Nesse caso, denomina-se a competência do tribunal brasileiro de *concorrente*, podendo a ação ser proposta tanto no tribunal de um país quanto no do outro país envolvido. Terminando o julgamento no estrangeiro, com a decisão homologada por nosso Superior Tribunal de Justiça, eventual ação proposta no Brasil será extinta. O mesmo ocorre quanto à decisão final que tenha lugar no Brasil, que, ocorrendo antes do término de eventual ação proposta no exterior, deve prevalecer.

Alguns outros casos previstos no art. 89 do Código de Processo Civil conferem competência exclusiva para julgamento à autoridade judiciária brasileira, como questões que envolvam imóvel situado no Brasil.

Tratando-se de contratos internacionais, é importante compreender que existe uma regra interna no direito de cada país que estabelece se a problemática do não cumprimento do contrato deverá ser solucionada pelo juiz do tribunal desse Estado. Reitera-se que não há um tribunal internacional para julgar causas privadas, devendo, de fato, a matéria ser encaminhada para o Judiciário de determinado país (Castelli, 2011).

Autonomia da vontade

O princípio da autonomia da vontade, aplicável aos contratos, possibilita que as partes elejam o foro (tribunal) de sua conveniência e escolham as leis que devem reger seus contratos. Embora questionado por alguns autores quanto a sua total aplicabilidade, considerando as regras de direito internacional que vimos anteriormente existentes em cada Estado, certo é que se verificam, em termos práticos, a adoção e o reconhecimento da validade de tal princípio da autonomia da vontade das partes para escolherem a lei e o foro aplicáveis aos contratos que celebram.

O princípio da autonomia da vontade costuma prevalecer sobre as regras de direito internacional privado, principalmente quanto à escolha da lei aplicável.

Nessa linha de raciocínio, ao elaborar um contrato, devem as partes prever qual o direito e qual o tribunal que deverá ser aplicado para regular o caso concreto que possa vir a ser suscitado durante a vida do contrato e decidir sobre essa eventual controvérsia, como o não cumprimento do pagamento, por exemplo. Nesse caso, as partes sentem-se mais seguras por saber de antemão onde deverão propor eventual ação judicial, caso a outra parte não cumpra com sua obrigação, ou, ainda, saber qual a lei que irá ser aplicada para decidir o caso.

No exemplo anteriormente mencionado, poderão as partes belga e brasileira eleger a lei do Brasil e o foro do Brasil para decidir conflitos advindos da compra e venda internacional de certa mercadoria. Assim, caso a empresa brasileira, que deve exportar a mercadoria, não receba o pagamento devido da empresa belga, poderá ir ao tribunal do Brasil propor a ação judicial, sujeita à lei brasileira, visando receber o dinheiro (Castelli, 2011).

Por outro lado, é importante salientar, como mencionado, que a eventual decisão do tribunal do Brasil, para que seja efetivamente executada na Bélgica, dependerá do reconhecimento, por tribunal daquele país, da decisão judicial proferida no Brasil. Isso porque estamos diante de Estados soberanos que não são automaticamente obrigados a reconhecer um ato que não seja de sua própria autoridade (no caso, o juiz local). Assim, para que a empresa brasileira possa executar os bens da empresa belga e obter efetivamente seu pagamento, dependerá de um consentimento do tribunal belga, o que se denomina *reconhecimento de sentença judicial estrangeira*.

O mesmo ocorreria se a decisão estrangeira tivesse de ser cumprida no Brasil, devendo receber a confirmação de execução (*exequatur*) pelo nosso Superior Tribunal de Justiça (STJ), que não iria analisar os fatos novamente, mas, tão somente, verificar aspectos processuais e se a decisão não ofende nossa ordem pública, soberania e bons costumes.

Quanto a qual tribunal e a qual a lei eleger no contrato, não há uma regra básica, devendo a resposta vir caso a caso, segundo análise das circunstâncias de cada contratação. Algumas preocupações básicas devem ser consideradas, como: (a) se a empresa possui um bom advogado no país para representá-la; (b) se conhece o direito que está elegendo no contrato; (c) se o tribunal escolhido está em um país estável, em que o Judiciário é de fato independente; (d) se existe alguma ausência de afinidade entre a lei e o tribunal aplicáveis ao contrato e o Estado em que se promoverá a ação para executar uma eventual decisão, por ser aquele no qual a parte inadimplente possui seus bens (Castelli, 2011).

É claro que nem sempre todas essas variáveis são passíveis de ser controladas pela parte e dependerão do poder de barganha e da negociação.

Além disso, em todos os sistemas jurídicos nacionais há previsão legal de regras para solução de possíveis conflitos quanto à aplicação da lei quando está em julgamento aquilo que já se chamou de "situação jurídica multiconectada" (Araujo, 2011).

Igualmente, há situações em que, escolhida pelas partes determinada lei estrangeira para reger o contrato em razão de sua conexão com o caso concreto, não será esta total ou parcialmente aplicável em face de impedimento determinado pela ordem pública do foro onde, posteriormente, se venha a procurar executar uma decisão relativa ao contrato em causa.

Por *ordem pública* entenda-se o conjunto de princípios especialmente caros a determinado sistema jurídico, de tal modo que são tidos como fundamentais e parte integrante desse sistema jurídico, não podendo ser revogados pelas partes em seus acordos particulares.

Daí por que, além de ser um aspecto que irá depender do poder de barganha de cada parte, no âmbito da negociação de determinado contrato, a eleição do foro e da lei aplicáveis para reger um contrato é matéria a ser considerada com cuidado. Algumas vezes, no entanto, como costuma acontecer em certos acordos de investimento em que o país hospedeiro "dita" efetivamente as normas aplicáveis às contratações, sequer existe essa possibilidade de discussão sobre o tema. Para assinar o contrato com o Estado ou uma agência governamental, ou para assinar determinado contrato de interesse do país hospedeiro que ali terá vigência, os contratantes deverão necessariamente se submeter a uma determinada lei e um foro já antecipadamente definidos pelo Estado. Isso acontece, por exemplo, em contratos para exploração de recursos naturais, como os contratos de concessão ou de partilha de produção firmados entre, de um lado, o Estado do país hospedeiro – ou uma instrumentalidade desse Estado – e, de outro, a empresa estrangeira investidora ou grupo de empresas investidoras, se for um consórcio ou grupo de investidores. Em razão da enorme relevância da matéria, o país que cede a exploração de seus recursos naturais deseja ter voz na definição desse ponto de importância do contrato, já de antemão fixando que sua lei e suas cortes serão competentes para reger e julgar o contrato.

Essas são as linhas mestras necessárias para contextualizarmos a atuação do direito internacional privado no que diz respeito à matéria contratual. No próximo capítulo, você, leitor, verá o que vem a ser um contrato internacional e conhecerá algumas de suas peculiaridades.

2

Conceito de contrato internacional e outros aspectos

Neste capítulo, convidamos você, leitor, a refletir sobre os conceitos de obrigação e de contrato e de contrato internacional – como ele se forma, a questão dos contratos escritos e não escritos. Procuraremos oferecer uma visão geral dos tipos contratuais e dos vícios da vontade que podem macular a formação do vínculo contratual. Finalizaremos o capítulo apresentando o tema da alteração e extinção dos contratos.

Conceito de obrigação e de contrato

Obrigação é a relação jurídica patrimonial em virtude da qual uma pessoa (o devedor) fica vinculada a fazer ou deixar de fazer alguma coisa em relação a outra (o credor).

No caso do contrato, um tipo de obrigação, precisa haver uma expressão pecuniária, expressa em valores financeiros, em razão da sua natureza patrimonial. Esta característica é a base para sua conceituação, diferindo da obrigação em sentido geral, no mundo jurídico. Portanto, sua aplicação fica reservada às consequências dos atos jurídicos que têm estimação e efeitos patrimoniais, que possam ser medidos em termos pecuniários.

Nesse contexto, o contrato, por sua vez, é uma das formas de expressar uma obrigação, sendo sua fonte principal uma atuação que envolve duas ou mais partes, ao lado, por exemplo, de ato unilateral, como a doação, a emissão de títulos de crédito e de documentos bancários. Pode o contrato, portanto, ser definido como um acordo de vontades destinado a criar, modificar ou extinguir obrigações.

A obrigação e, por consequência, o contrato possuem, nesse sentido, dois sujeitos de direito: um que pode exigir a obrigação, isto é, o sujeito ativo ou credor, e outro que deve cumpri-la, ou seja, o sujeito passivo ou devedor. E num mesmo contrato cada uma das partes pode estar desempenhando ora função de credora, ora outra função, de devedora, dependendo de quem tenha uma obrigação a ser cumprida ou de quem possa exigir tal cumprimento.

Exemplo disso é uma relação de compra e venda em que, a respeito do pagamento, o comprador é devedor ou sujeito passivo, devendo pagar o preço acordado, e o vendedor é credor ou sujeito ativo, tendo o direito de cobrar. Ocorre que a compra e venda também possui um objeto, que é aquilo que deve ser feito – em nosso exemplo, a entrega da coisa vendida. Observa-se que, neste mesmo exemplo, no tocante à entrega de tal coisa, o sujeito passivo será o vendedor, tendo a obrigação de entregar a coisa objeto da venda, e o sujeito ativo será o comprador, dispondo do direito de receber o bem que adquiriu, podendo, portanto, exigir o cumprimento dessa obrigação de entrega.

Conceito de contrato internacional

O contrato interno (ou doméstico) é aquele que se encontra regido e pode ser afetado por uma única ordem jurídica. Já o contrato será considerado internacional quando um ou mais dos seus elementos necessários – partes, objeto, local e forma de cumprimento – se encontram submetidos ou podem ser afetados por outra ordem jurídica, a qual pode dispor, sobre o mesmo tema, de normas diferentes daquelas adotadas pela primeira ordem jurídica considerada.

Segundo Strenger (1998:84):

> São contratos internacionais do comércio todas as manifestações bi ou plurilaterais da vontade livre das partes, objetivando relações patrimoniais ou de serviços, cujos elementos sejam vinculantes de dois ou mais sistemas jurídicos extraterritoriais, pela força do domicílio, nacionalidade, sede principal dos negócios, lugar do contrato, lugar da execução ou qualquer circunstância que exprima um liame indicativo de Direito aplicável.

Essa conceituação é completa e identifica os chamados "liames" que podem vincular as partes num contrato a mais de um sistema jurídico. São eles:

- o domicílio das partes – por exemplo, comprador na Inglaterra e vendedor no Brasil;
- a nacionalidade e sede principal de negócios das partes – por exemplo, comprador: uma empresa brasileira; vendedor: uma empresa de nacionalidade inglesa;
- o lugar do contrato – nesse exemplo, pode estar previsto que a celebração do contrato ocorra num terceiro país vizinho, pois lá se encontra a mercadoria;
- o lugar de execução do contrato – no nosso exemplo, temos diversos países envolvidos: o embarque da mercadoria para configurar o cumprimento da entrega irá ocorrer nesse terceiro país onde ela se encontra, as partes estão em dois países distintos e, suponhamos, o comprador precisará efetuar uma

ordem de pagamento a partir de seu domicílio, e o pagamento precisará chegar ao país de domicílio do comprador.

Vê-se, portanto, que no mínimo três ordens jurídicas distintas estarão envolvidas nessa singela operação de compra e venda. E, no caso, pelo menos dois sistemas jurídicos poderão ser aplicáveis, cada um com suas regras peculiares sobre a compra e venda: o romano-germânico, do domicílio da parte brasileira vendedora, o do local de cumprimento da obrigação de entrega da mercadoria, e o da *common law*, no que respeita ao local de domicílio da parte inglesa compradora.

Para facilitar o negócio e tornar mais seguro o cumprimento das obrigações respectivas (de vendedor e comprador), será recomendável que as partes escolham determinada lei para reger a operação, que indiquem um dos Incoterms como modalidade de compra e venda – por exemplo, uma venda FOB com embarque num porto no país onde se encontra a mercadoria –, escolham o uso de uma carta de crédito – pagável contra a apresentação de documentos ligados à operação pelo vendedor (crédito documentário) – como forma de pagamento e definam uma fórmula de solução de possíveis controvérsias que seja de confiança de ambas as partes (Borromeu de Andrade, 2006).

A expressão Incoterms é abreviatura de International Commercial Terms. Sua primeira versão, compilada pela Câmara de Comércio Internacional de Paris em 1936, procurou resumir as principais modalidades de compra e venda internacional vigentes na época. Várias versões subsequentes foram emitidas; hoje, vigora a versão de 2010.

Planejamento e negociação preliminar

Para a formação dos contratos internacionais é frequente que as partes iniciem reflexões para definição da estratégia e objeto a serem contratados, ou seja, planejamento e discussões com a outra parte sobre o negócio pretendido (negociações).

Sobretudo considerando a complexidade dos contratos internacionais atuais nesse constante fluxo de comércio entre os países, planejamento e negociação são fases normalmente encontradas antes da efetiva vinculação das partes e conclusão dos contratos e não devem ser confundidas com a oferta propriamente dita, que vincula as partes. Trata-se de atos meramente preparatórios, facultativos no processo de formação dos contratos, ocorridos previamente à formalização do acordo (Castelli, 2011).

Planejamento

O planejamento requer um olhar para dentro da empresa ou parte que irá contratar, refletindo-se sobre seus objetivos e vantagens no negócio em tela, como está estruturada para iniciar as tratativas e se precisa se preparar de alguma maneira. Importante, pois, a definição da estratégia e das consequências do negócio em si, bem como da análise interna do seu estágio atual de desenvolvimento para a operação comercial que se propõe.

Se, por exemplo, a empresa objetiva vender com assiduidade no mercado externo, deve ter definidas suas estratégias e metas negociais, a quantidade de produtos, o valor, as condições que pretende quanto ao pagamento, a forma de pagamento a ser adotada e as garantias que vai exigir de seus compradores, as especificações técnicas exigidas para sua fabricação e requeridas pela clientela no país-alvo, bem como as exigências legais vigentes nesse país.

Deve ainda questionar sobre eventual necessidade de uso da marca nos produtos e como estará esta sua marca protegida no país de destino (registro de marca no exterior), se a embalagem do produto é adequada à exportação, se atende aos requisitos regulatórios do país de destino, inclusive aqueles específicos ao tipo de produto a ser exportado, se possui registro de exportação e estar ciente dos tributos incidentes sobre a operação de exportação e subsequente importação do produto. Um bom planejamento e a preparação adequada podem evitar que a empresa passe por problemas futuros quando da negociação e implementação da operação por meio do contrato firmado entre as partes. E esse contrato deverá refletir toda essa estratégia operacional e a logística acordada, para maior segurança.

Negociação

Nessa fase, a parte terá que escolher qual a potencial empresa ou outra parte com a qual iniciar tratativas. Inicia-se, pois, a discussão sobre os termos principais do negócio, com a frequente preparação de documentos escritos que reflitam a evolução do que vem sendo discutido e acordado pelas partes. Trata-se de atas de reunião, minutas ou protocolos, em que as partes concretizam ideias e discussões sobre os principais temas envolvidos na negociação. Tais documentos podem ser considerados pré-contratos nos casos em que os termos essenciais da transação tenham sido tratados, ficando as partes vinculadas na realização do negócio e assinatura do contrato, conforme as condições que venham a inserir nesses instrumentos contratuais, que podem estar sujeitos a aprovações internas de âmbito corporativo quando se tratar de empresas.

Verifica-se a atuação de dois grupos de profissionais: as pessoas de negócio, responsáveis pela exportação ou importação da mercadoria, pelas vendas da empresa no exterior, pela logística para fazer com que o produto chegue ao destinatário, entre outras atividades, e os advogados, que, além de redigir os pontos comerciais e operacionais do negócio, devem se preocupar com cláusulas próprias do direito que irão reger a relação entre as partes. Como cláusulas, destacam-se: preço e sua eventual fórmula de cálculo ou indexação, modalidade do pagamento, aprovação dos contratos pelos órgãos societários das partes contratantes, responsabilidade em caso de inexecução da obrigação, lei e tribunal aplicáveis e eventual eleição de arbitragem ou outros mecanismos de solução de controvérsias, entre outras questões específicas a cada contratação.

Para o sucesso da negociação, com a minimização de eventuais desgastes desnecessários na relação, ressalta-se a importância do conhecimento do idioma, da cultura e dos hábitos de negociação comumente vigentes e aplicáveis no país da parte contrária (Castelli, 2011).

Proposta e aceitação

O contrato normalmente se forma a partir dos atos que corporificam a oferta (ou proposta) e a aceitação. O encontro entre a oferta e a aceitação dá origem ao negócio jurídico denominado contrato.

A proposta nada mais é que um ato de manifestação da vontade de uma das partes (o proponente) quanto à intenção de contratar. A concordância da outra parte (o oblato) recebe o nome de "aceitação". Havendo a aceitação imediata ou dentro do prazo, fica o proponente obrigado nos termos da proposta. Caso, todavia, o que recebe a proposta decida aceitá-la com restrição, estaremos diante de uma contraproposta, tendo esta o efeito de uma nova proposta.

A regulamentação desses conceitos (proposta e aceitação), o grau de obrigatoriedade das tratativas e sua forma, tudo fica a cargo da lei interna de cada país, e as partes devem procurar refletir no contrato a eleição da lei aplicável para reger seu acordo de vontades.

Não é demais ressaltar a importância dos efeitos observados para cada ato praticado, como manifestação da vontade das partes, principalmente no que diz respeito à efetiva vinculação das partes, tendo ou não tais atos força obrigatória para o acordo entre as partes. A partir desses conceitos definem-se ainda o momento exato e o lugar da formação do contrato.

Por exemplo, enquanto no direito brasileiro (*civil law*) só pode ser retratada (cancelada) a proposta se a retratação chegar ao conhecimento da outra parte antes ou ao mesmo tempo que a própria proposta, nos Estados Unidos e em outros países que adotam a *common law*, se alguém dirige uma proposta a outrem, pode revogá-la a qualquer momento, desde que não tenha ainda havido a aceitação, pela falta de *valuable consideration*, algo em contrapartida, como um pagamento, que torne a proposta obrigatória, vinculante, que contribua para sua validade.

Os atos de proposta e aceitação são, normalmente, feitos por escrito, por meio de cartas, catálogos, prospectos, painéis, embora em geral não se exija forma específica, podendo esta ser expressa, tácita, pelo silêncio etc.

Além disso, também é importante que as tratativas, isto é, as negociações realizadas entre as partes, sejam devidamente qualificadas, para que fiquem claramente distintas nas discussões e nos escritos que venham a ser produzidos:

(a) as meras negociações visando a um possível negócio, no futuro, ou mesmo acordos preliminares ou memorandos de entendimento, que se não forem vinculantes deverão dizer claramente não ter essa condição e que estão sujeitos a que se atinjam ou ocorram certas premissas negociais, submetidos que deverão ser à obtenção das aprovações corporativas adequadas;

(b) um contrato, que embora ainda denominado preliminar ou memorando de entendimento, desfrute de natureza mais detalhada e vinculante, e tenha o propósito de obrigar as partes à celebração do contrato definitivo.

Em outras palavras, não somente o título do instrumento contratual, mas o efetivo conteúdo do documento, é que deve contribuir para caracterizá-lo, e dar-lhe ou não caráter de vinculante.

Forma escrita

Os contratos refletem os compromissos acordados entre as partes, com maior ou menor riqueza e detalhamento formal.

Surge, pois, a questão: é necessário que o contrato seja escrito para ser válido? A resposta varia segundo a lei aplicável de cada país. No Brasil, por exemplo, não há tal requisito, diferentemente dos Estados Unidos, conforme disposto no Código Comercial Uniforme daquele país. Também nos países que adotaram a Convenção de Viena sobre a Compra e Venda Internacional, recém-entronizada em nosso sistema jurídico pelo Decreto Legislativo nº 538, de 26 de outubro de 2012, a forma escrita não é mandatória, podendo provar-se por qualquer meio, inclusive por testemunhas (art. 11 da convenção). Apresentaram reserva quanto a esse dispositivo da convenção, não se considerando sujeitas a ele, Argentina, China e Hungria.

Não obstante a possibilidade do mero ajuste verbal, as transações do tipo internacional dificilmente são manifestadas por outra forma que não a escrita, o que facilita a exequibilidade das obrigações pactuadas.

Algumas das razões pelas quais se recomenda a elaboração de contratos escritos são: (a) permite maior reflexão e clareza sobre os termos do negócio; (b) auxilia na definição das obrigações das partes; (c) confere mais força na execução do que foi acordado: cobrar da outra parte/exigir frente ao Judiciário;

(d) admite a possibilidade de aplicar algo diverso do disposto em lei, naquilo que for faculdade das partes acordar diferentemente, sem ferir a ordem pública interna fixada pelo direito interno das partes; e (e) traz segurança e controle do negócio (Castelli, 2011; Belerique e Raposo, 2011).

Vícios da vontade

As obrigações assumidas, e assim também os contratos assinados com algum tipo de vício original, estão sujeitas a não serem respeitadas, podendo ser anuladas ou ter sua anulação solicitada judicialmente ou perante o juízo arbitral, se assim constar do contrato.

São considerados viciados os compromissos que foram assumidos com o induzimento a erro da parte por falsa declaração da outra parte, por exemplo, os compromissos aceitos mediante coação e assim também os atos praticados de maneira simulada.

O que suporta e justifica essa regra é um princípio básico do direito das obrigações – o surgimento do vínculo obrigacional depende da formação livre de constrangimentos e por meio do legítimo convencimento das partes. Se, para obter um contrato, um dos seus signatários induziu a erro ou coagiu o outro, tal livre formação da vontade contratual deixou de existir, e o vínculo assim surgido nasceu com essa impropriedade original, que pode levar a que seja declarado nulo de pleno direito, ou anulado.

O tema deverá ser analisado com cautela, à luz das normas de direito contratual aplicáveis à situação concreta – seja a lei de escolha das partes, seja o direito vigente no local de formação do pseudovínculo obrigacional, seja a lei vigente no local onde se pretenda executar alguma decisão relativa ao contrato formado de maneira viciada, tudo como seja ao caso aplicável.

Alteração dos contratos

Os contratos internacionais, assim como os contratos domésticos, são, em geral, alterados por meio de aditivos (*amendments*).

Os motivos mais comuns para a celebração de tais instrumentos são a prorrogação de prazo, o acréscimo de valor ou de algum aspecto do objeto contratual, ou mesmo a combinação de tais temas.

É importante ressaltar, leitor, que quaisquer modificações aos termos originais dos contratos assinados sejam efetuadas de maneira formal, por meio de aditivos, e não apenas por intermédio de uma alteração de fato na maneira de executar os contratos. A informalidade pode trazer problemas no futuro, quando se desejar demonstrar o que e de que modo foi efetivamente alterado no documento contratual inicial.

Por outro lado, os aditivos também podem ser firmados para atender a alguma demanda específica de uma das partes, interessada na revisão de algum aspecto da equação econômico-financeira do contrato, uma vez demonstrado que existe algum evento superveniente que efetivamente justifica a modificação.

Em certos tipos de contrato, como os de prestação de serviços – entre estes os contratos de engenharia –, é possível que esse pleito de alteração do que foi originalmente acordado decorra de uma situação concreta em que o cliente pediu algum serviço ou fornecimento adicional que não constava do contrato original. Nesse caso também – e mais ainda – se torna imperiosa a precisa formalização dos pedidos, de maneira a não permitir interpretações dúbias ou conflitantes no futuro quanto à natureza e extensão do que foi acordado alterar.

É praxe que o aditivo transcreva com clareza e completude as cláusulas a serem alteradas, e que termine com expressões típicas, que confirmem que, salvo o que foi alterado por tal aditivo por alguma cláusula específica, o contrato original permanece em vigor conforme acordado entre as partes.

Extinção dos contratos

O contrato internacional, a exemplo do contrato doméstico (ou nacional), também se extingue pelo mero decurso do seu prazo original (se tal não for prorrogado), por acordo entre as partes (se esse for o caso) ou se tiver ocorrido algum dos eventos justificadores de uma rescisão antecipada. Neste último caso, por exemplo, por inadimplemento das obrigações de uma das partes, por perda do objeto do contrato, por insolvência de uma das partes, entre outros motivos.

Porque existe a natural preocupação, desde tempos imemoriais, de que os acordos sejam devidamente cumpridos conforme originalmente pactuados entre as partes, qualquer alteração de seus termos irá demandar o consenso das partes signatárias ou uma determinação superior, geralmente judicial ou arbitral.

Isso pode acontecer, excepcionalmente, quando demonstrada a existência de algum vício da vontade que leve à anulação do contrato ou quando houver descumprimento, por uma das partes, de suas obrigações contratuais respectivas (não corrigido a tempo). É comum que a própria cláusula de rescisão antecipada (*early termination* na *common law*) já disponha sobre as consequências dessa rescisão prematura e defina como serão alocados, entre as partes, os custos e danos decorrentes, bem como que eventuais obrigações e direitos poderão ainda permanecer vigorando, em função do tipo de contrato de que se trate, tais como a regra da confidencialidade e a cláusula de lei aplicável e solução de disputas.

O que se apresentou neste capítulo 2 foram os contornos teóricos básicos que devemos levar em conta quando tratamos da caracterização dos contratos internacionais e os cuidados que devemos ter quanto ao seu surgimento, formalização e eventual alteração.

No próximo capítulo, vamos tratar da questão da responsabilidade civil, do descumprimento do contrato e suas consequências, do importante tema do direito de pleitear uma indenização por perdas e danos, que pode surgir como forma de ressarcimento da parte inocente.

3

O inadimplemento contratual e suas consequências

Este capítulo trata da responsabilidade pelo descumprimento das obrigações e dos contratos e suas consequências, bem como do direito que tem a parte que sofreu algum prejuízo com tal descumprimento de ver ressarcidos os custos em que tenha incorrido.

Os contratos são celebrados para serem cumpridos. A lei civil brasileira, a exemplo de outros ordenamentos jurídicos pelo mundo, prevê consequências para a inexecução das obrigações. Assim estabelece o Código Civil brasileiro:

> Art. 389. Não cumprida a obrigação, responde o devedor por perdas e danos, mais juros e atualização monetária segundo índices oficiais regularmente estabelecidos, e honorários de advogado.

Evolução histórica da teoria da responsabilidade civil

O princípio jurídico exposto no art. 389 do Código Civil foi fruto de um longo processo histórico de evolução. Podemos vislumbrar, na teoria da responsabilidade civil, dois princípios basilares: o princípio da responsabilidade civil baseada na culpa, a responsabilidade dita subjetiva, e o segundo, a responsabilidade civil objetiva, assentada no elemento ou binômio risco/lucro. A responsabilidade subjetiva, assentada na culpa, vem do direito romano. Os romanos admitiam que tal responsabilidade pudesse, por sua vez, ser de natureza contratual ou extracontratual. Esta última resultou da chamada Lei Aquília, originando a expressão "culpa aquiliana" ou "responsabilidade aquiliana".

É um desenvolvimento doutrinário, pois está assentado no princípio geral do direito de que a ninguém é permitido causar prejuízos a outrem, e, em o fazendo, resulta a obrigação de compensar os prejuízos daí decorrentes. Entre aqueles que cuidaram de desenvolver doutrinariamente essa teoria no direito moderno, a despeito de suas origens romanas, destacou-se Pothier (Andrade Jr., 2006a), que distinguia quatro níveis de responsabilidade civil assentada na culpa, a saber:

❏ o dolo, em que predomina o elemento vicioso de o autor desejar os resultados danosos, aí presente também o elemento fraudulento, malicioso e ardiloso;
❏ a culpa grave, que consistia numa grande negligência, *gross negligence* da doutrina jurídica anglo-americana ou *négligence grossière* da doutrina francesa, aquela em que nem mesmo os homens menos cautelosos teriam incorrido no trato de suas próprias coisas;
❏ a culpa leve, que resulta de comparação com aquela cautela padrão que os homens comumente empregariam no trato de seus próprios negócios;
❏ a culpa extremamente leve ou levíssima, que resultaria da situação daquele que poderia ter evitado o evento causador do dano se empregasse o padrão de cautela de um homem bastante atento e vigilante.

De acordo com outros aspectos, a culpa pode ser classificada em *sentido lato*, que é a negligência extremamente grosseira, sendo classificada como culpa grave. Esta última tem sido confundida ou assemelhada ao dolo, mas entendemos que dele se distingue, pois no dolo há a intenção comprovada do agente de prejudicar ou causar lesão a outrem, enquanto na culpa lata inexiste essa figura delituosa, criminosa. Portanto, a culpa lata é uma gradação abaixo do dolo em escala de gravidade (Andrade Jr., 2006a).

A culpa no *sentido estrito* é representada pela negligência, imprudência e imperícia. Embora cada uma apresente noções diferentes, na prática há grande identidade. Na negligência, o agente peca normalmente por um "não fazer", embora se admita igualmente que a pessoa pode ser negligente num fazer, se de forma descuidada. Todavia, o que importa na negligência é o fato de que o agente falta com o dever de adotar certas cautelas, precauções ou atenções necessárias à perfectibilidade do ato; é nesse sentido que se diz que o agente negligente deixa de fazer o que seria necessário para evitar os prejuízos não desejados.

Na imprudência, a distinção é muito tênue, a ponto de podermos dizer que não se pode ser uma coisa sem ser também a outra. Todavia, aponta-se como diferença o fato de que na imprudência o agente deixa de prever o que poderia ter sido previsto e, em consequência dessa imprevisão, causa o fato de que decorrem os prejuízos. Exemplo: o condutor do veículo ingere quantidades razoáveis de bebida alcoólica e, em seguida, dirige. Em razão disso, causa acidente de que resultam vítimas e prejuízos materiais. Como exemplo de negligência, temos o motorista que atravessa um cruzamento sem olhar para os lados, ensejando acidente do qual resultam igualmente vítimas e prejuízos materiais. Verifica-se, pois, que na segunda hipótese há uma falta de atenção, de cautela, embora também se possa dizer que o motorista foi simultaneamente imprudente – pois poderia ter previsto o acidente – ao não ter a devida atenção quando atravessou o cruzamento.

Já na imperícia, a distinção é mais aguçada; consiste na falta de técnica ou de conhecimento que seria essencial ao agente possuir para a prática do ato. Por falta dessa técnica ou conhecimento, materializa-se o risco, ensejando o dano a compensar.

Na verdade, a teoria subjetiva repousada na culpa se assenta em outro conceito pouco acentuado pela doutrina nesse contexto, pois se entende que o fenômeno somente estaria presente na hipótese da teoria objetiva do risco. Trata-se da causa ou da causalidade no sentido científico da palavra e não em seu sentido jurídico. Para que haja culpabilidade, é essencial que exista a causa, ou seja, que os danos possam ser conectados pela relação causal ao ato ou omissão do agente. Há, pois, uma relação de causa e efeito entre o ato ou omissão do agente e os prejuízos causados a outrem.

Por sua vez, a causa pode ser direta ou indireta. A culpa é direta quando a relação de causa e efeito se estabelece entre a ação ou omissão do agente e os prejuízos. Quando tal relação for interrompida por interposta pessoa ou evento, mas ainda podendo ser estabelecida a causa original, diz-se que a causa é indireta.

Exemplo de causa direta na responsabilidade civil: uma pessoa que conduz um veículo de forma negligente e causa um acidente que produz prejuízos físicos e materiais a outrem tem responsabilidade de indenizar tais prejuízos. Note-se, entretanto, outro exemplo, este de causa indireta: uma empresa montadora produz um veículo com defeitos no sistema de freios. O condutor do veículo, ao acionar o sistema de frenagem, não logra deter o veículo em velocidade normal e permitida. O automóvel colide, acidentando o condutor e terceiros. Nesse caso, a empresa montadora tem uma relação causal indireta com os prejuízos decorrentes do acidente. A responsabilidade civil se verifica em decorrência de uma causa indireta existente entre o defeito no veículo e os prejuízos decorrentes do acidente.

Talvez em decorrência desse inter-relacionamento entre os conceitos de culpa e de causa a que nos referimos nos parágrafos precedentes tenha sido possível a elaboração de outros conceitos ou classificações, tais como a *culpa in eligendo* (culpa ao escolher) e a *culpa in vigilando* (culpa ao vigiar, ao custodiar).

Assim, o patrão que escolheu um empregado que venha a causar prejuízos a outrem – este patrão, embora não seja culpado na forma da expressão mais aguçada da teoria subjetiva de inspiração romana, visto sob o aspecto da causa direta do acidente – será considerado culpado para se lhe determinar a responsabilidade civil pela reparação dos danos causados por seu empregado. Tal conceito de responsabilidade civil decorre do conceito de *culpa in eligendo,* porque se entende que foi o patrão que escolheu o empregado causador direto do dano e, portanto, o patrão e o empregado serão responsáveis civilmente pelos danos causados por este último.

Da mesma forma, o conceito da *culpa in vigilando,* que muito alargou o espectro de incidência da responsabilidade civil, teria igualmente fixado a responsabilidade daquele a quem incumbe custodiar, inclusive coisas inanimadas. Assim, é responsável, no aspecto puramente civil, o patrão da fábrica cuja caldeira explodiu matando seus operadores, e incumbe a ele indenizar as famílias daqueles que vieram a falecer ou aqueles que se tenham ferido em decorrência do acidente a que, a rigor, o patrão não deu causa.

Igualmente, se a pessoa é responsável, pela ótica civil, pelas coisas inanimadas sob sua custódia e guarda (*culpa in vigilando*), o será pelos acidentes provocados pelos animais de sua propriedade. Exemplo típico dessa situação seria a pessoa que, conduzindo um cão bravio na rua, inadvertidamente o solta, e este vem a atacar pessoas, ferindo-as ou mesmo matando-as.

Além dos aspectos penais, são inegáveis os aspectos civis relativamente ao dever, imputável ao proprietário do animal, de reparar os danos causados às vítimas.

Finalmente, por outro enfoque, a culpa pode ser classificada como contratual (*ex contractu*) ou extracontratual, ou decorrente de violação da lei (*ex delictu*). A distinção já era reconhecida pelos romanos. Na primeira hipótese (culpa contratual ou extracontratual), o agente viola o dever ou obrigação previstos no contrato; na segunda hipótese, a responsabilidade civil decorre do inadimplemento de uma obrigação legal, podendo ser civil ou mesmo penal.

Assim, a prática de um delito ou crime, presente a figura dolosa, ensejará igualmente ao agente a responsabilidade civil de compensar os danos causados à vítima. Advirta-se, todavia, que a recíproca não é verdadeira: dessa forma, a pessoa pode causar danos a outrem, no contexto da responsabilidade civil, e não praticar necessariamente um crime ou uma contravenção penal, uma vez que a responsabilidade penal irá depender da demonstração da vontade de prejudicar.

Essa responsabilidade civil assentada tão somente na culpa em suas diversas nuances não pôde resistir às profundas alterações do mundo moderno, nomeadamente a partir da Revolução Industrial. Desnecessário dizer que a estreiteza da concepção romana da culpa não pôde atender às necessidades resultantes das consequências formidáveis de tal revolução.

A Revolução Industrial, em decorrência das atividades dos grandes grupos empresariais, teria causado à comunidade um amplíssimo espectro de eventos e consequências danosos que, a despeito de não relacionados à culpa, necessitavam encontrar uma proteção jurídica adequada. Em outras palavras, os prejuízos advêm às pessoas, à comunidade em geral, aos consumidores e trabalhadores sem que se possa atribuir tais prejuízos à culpabilidade das empresas ou de seus dirigentes. Assim, não sendo possível tracejar o vínculo causal entre o prejuízo e a culpa do agente, para que tais prejuízos pudessem ser compensados ter-se-ia de determinar outro elemento jurídico doutrinário que não a culpa. Foi a chamada "infortunística social" que, primeiramente, fez evocar a necessidade de uma evolução ou de uma revolução doutrinária na ordem jurídica. Desse modo, os acidentes nas indústrias e os acidentes dos quais resultem prejuízos nos empreendimentos desenvolvidos pelas grandes empresas concessionárias dos serviços públicos vão gerar a nova doutrina. Os acidentes com vítimas nos sistemas de transporte rodoviário, ferroviário, aéreo e aqueles ocorridos nas linhas de distribuição de energia elétrica, de gás e outros hidrocarbonetos líquidos e gasosos geraram bilhões de dólares de prejuízos que clamavam publicamente por uma reformulação jurídica doutrinária. Aqui, como em outros países de direito codificado, já o sabemos, a evolução legal é lenta e, às vezes, resistente aos apelos de mudanças sociais.

É incontornável, portanto, dizer e atribuir os louros da vitória à doutrina e jurisprudência francesas, a qual coube a tarefa de construir a nova doutrina, praticamente *praeter legem* (além da lei). Da mesma forma, mais modernamente, o movimento consumista que se estabeleceu na Europa e nos Estados Unidos da América vai reforçar essa tendência jurisprudencial de alterar a responsabilidade civil, baseando-a numa doutrina que não apenas a da culpa.

Essa jurisprudência francesa passava a localizar a responsabilidade civil no elemento ou no binômio risco/lucro, para costurar a teoria da responsabilidade objetiva. Em síntese, estabelece-se que nas empresas que aufiram lucros, determinam-se os riscos segundo o ditado: *ubi emolumentum, ibi onus* (onde há receita, há custo). Portanto, todas aquelas empresas que, auferindo lucros em suas atividades, causarem prejuízos devem assumi-los em decorrência da assunção dos riscos igualmente inerentes às suas atividades. A perspectiva filosófica dessa construção doutrinária repousa igualmente numa doutrina política que procurava, sob outro aspecto, ponderar para compensar as desigualdades econômicas e sociais em pauta. De um lado, as grandes empresas, poderosíssimas política e economicamente, e, do outro, os consumidores e trabalhadores, econômica e politicamente desfavorecidos ou desprivilegiados. Assim, a compensação dos prejuízos dos últimos representaria, em última instância, uma outorga jurídica para uma compensação de desigualdades econômicas entre as partes. No somatório dessas considerações jurídica e filosófica, nasce a teoria da responsabilidade civil objetiva assentada no risco (Aguiar Dias, 1995; Andrade Jr., 2006a).

Outro fator decisivo na evolução da teoria da responsabilidade civil objetiva, e, portanto, não assentada no elemento subjetivo "culpa", foi o grande crescimento da indústria dos seguros. O chamado *non fault insurance*, tanto nos Estados Unidos quanto na França, é fator decisivo para que se deslocassem, do elemento "culpa" para o elemento "risco", os fundamentos da responsabilidade civil. A partir do surgimento e incremento do seguro, o elemento mais lógico seria atribuir àquele que, estando mais forte economicamente no mercado, se dispusesse a celebrar um contrato de seguro para garantir a transferência do risco para o segurador, visando, desta forma, compensar os prejuízos decorrentes da materialização do risco, que é o sinistro, e a indenizar o segurado pelo valor devido (Andrade Jr., 2006a).

Simultaneamente, as leis internas dos países e os tratados internacionais se orientam no sentido de reconhecer a mesma doutrina. Assim, por exemplo, a Convenção de Paris para tratar da responsabilidade por acidentes nucleares focou bem a questão da responsabilidade civil assentada no risco inerente a tais acidentes. Do mesmo modo a Convenção de Bruxelas de 1969, que previu a mesma responsabilidade civil assentada no risco, presumindo, outrossim, a obrigação de contratação de seguro, pelo transportador marítimo, visando ao seu resguardo e à prevenção dos acidentes de poluição e contaminação dos mares e dos rios por hidrocarbonetos e outros materiais poluentes aos sistemas hídricos do planeta.

Ainda na esteira do mesmo desenvolvimento doutrinário e filosófico surge, mais modernamente, a teoria da socialização dos riscos ou da responsabilidade social das empresas. A lei brasileira que protege o meio ambiente é um exemplo singular e típico dessa teoria, atribuindo às empresas e a seus dirigentes, multas elevadíssimas e até pena privativa de liberdade nas infrações concernentes às obrigações relativas ou decorrentes das leis e regulamentos destinados à proteção do meio ambiente. Na França, a mesma teoria está presente, ganhando amplo apoio da jurisprudência francesa, atribuindo, pois, "responsabilidade direta das pessoas jurídicas, tais como sociedades, associações e sindicatos, pelos prejuízos causados por seus representantes no contexto de seus objetos sociais" (Andrade Jr., 2006a).

Tema da maior importância e de extrema atualidade são os danos e prejuízos sofridos pelas vítimas de atentados e atividades terroristas. Após os atentados de 11 de setembro de 2001 nos Estados Unidos, o mundo decididamente mudou e a geopolítica internacional transformou-se radicalmente – novas alianças estão sendo formadas para combater o terrorismo global. O direito não pode ficar absolutamente inerte enquanto o mundo vira "de pernas para o ar". Assim, no direito penal, os países cuidam para que penas gravíssimas sejam atribuídas aos crimes de terrorismo e, em alguns países, como o Brasil, que tais crimes sejam previstos na legislação em que hoje não existe tipicidade. E mais, até mesmo as falsas ameaças de atividades terroristas gerando pânico coletivo serão igualmente tipificadas como crime em nossa legislação e na maioria dos países, pois os problemas existem e merecem adequada proteção jurídica, sob pena de esses países se subjugarem ao terrorismo ou mesmo àquelas atividades correlatas, como a falsa propagação de atos terroristas visando gerar pânico ou histeria coletiva. O direito civil saiu na frente, prevendo a imputação da responsabilidade ao Estado e, portanto, o inadimplemento de sua obrigação de cuidar da segurança de seus cidadãos, nos casos de indenização às vítimas dos atentados ou atividades terroristas. Novamente na França, já se cuidou de criar um fundo de garantia, por legislação de 1986, visando subscrever os riscos sociais decorrentes daquelas atividades terroristas, bem como de indenizar os prejuízos advindos às vítimas dessas atividades, sem que elas tenham que inicialmente se socorrer dos meios judiciais para obtenção da compensação pertinente, sem detrimento, todavia, desses eventuais remédios.

Em nenhum outro país a responsabilidade civil decorrente de inexecução de obrigações tem sido mais realçada do que nos Estados Unidos. A matéria, lá conhecida simplesmente como *tort*, tem permitido que milhões de americanos obtenham bilhões de dólares em compensação de prejuízos, seja em decorrência da responsabilidade *ex contractu* (decorrente do contrato) ou *ex delictu* (decorrente do ato ilícito). Sabe-se que em nenhum outro país se conseguem tamanhas indenizações quanto naquele. Todos acionam todos, por tudo. Assim, é comum cidadãos obterem indenizações das municipalidades porque caíram na calçada que apresentava um ligeiro desnível. Há também o episódio de um freguês, artista famoso, que processou um restaurante em Nova York porque alegou ter perdido um dente ao mastigar a comida fornecida no estabelecimento.

Alguns casos judiciais em que se pleiteiam indenizações vultosas se nos assemelham quase jocosos ou mesmo surrealistas. É o caso dos pais de um adolescente que estariam processando uma farmácia nos Estados Unidos porque o filho teria assaltado a mesma à procura de determinado medicamento no qual se viciara. Alegavam, na petição inicial, que o filho teria incorrido no delito porque a farmácia estaria vendendo o remédio e o expondo na prateleira de forma ostensiva!

De lado os casos mais radicais ou mesmo caricaturais, o fato é que a Justiça norte-americana tem sido extremamente sensível e até mesmo generosa em conceder vultosas indenizações, desde que se demonstre que o agente teria causado, de alguma forma, o evento do qual resultaram os prejuízos que se busca compensar. Há ainda dois fatores adicionais que agravam a situação de quem deva pagar compensações num tribunal norte-americano. O primeiro é que, também em matéria cível, essas indenizações, embora fixadas pelo juiz, são adjudicadas por um sistema de júri que no Brasil somente é conhecido no foro criminal. O *jury system* típico do direito inglês, em que julgadores leigos são convocados a se manifestar sobre as diversas matérias objeto das demandas, está presente nos tribunais norte-americanos tanto em matéria criminal quanto cível. Daí por que, em algumas contratações internacionais, as partes desde logo se apressam em incluir cláusula prevendo que não se submetem a decisão pelo júri.

O segundo fator agravante relativo ao pagamento de compensações foi uma construção jurisprudencial típica dos tribunais norte-americanos: a criação dos chamados *punitive damages* (danos punitivos). Estes seriam uma compensação adicional e elevadíssima estabelecida pelo tribunal (além daquela requerida pelo autor, o que para nós representaria verdadeiramente *ultra petita*, que significa julgar além do que foi pedido) para servir de punição exemplar e, dessa forma, desencorajar outros casos semelhantes. Geralmente os *punitive damages* ocorrem nas hipóteses de responsabilidade civil em que ocorreram situações dolosas ou de culpa *lato sensu* (culpa grave, ou *gross negligence*). Procura-se punir exemplarmente a parte condenada e fazer com que a condenação sirva de alerta aos demais cidadãos quanto à punição pecuniária que poderá ocorrer, caso atuem em desrespeito à lei.

A situação das enormes somas compensatórias adjudicadas pelos tribunais norte-americanos tem-se tornado uma grande preocupação para pessoas físicas e jurídicas estrangeiras que transacionem nos Estados Unidos ou que possam de alguma forma, *ratione materiae* (em razão da matéria), ser processadas em seu território em decorrência do não cumprimento de contratos. Assim, empresas oriundas de países de língua inglesa, nomeadamente britânicas, australianas, neozelandeses e outras do norte da Europa, têm procurado articular defesas contratuais para reduzir ou minorar eventuais vultosas indenizações a serem por elas pagas por força de adjudicações de tribunais norte-americanos em decorrência de julgamentos de responsabilidade civil.

Um exemplo de salvaguarda contra tais exageros pode ser a exclusão expressa, no contrato, da sujeição a *punitive damage*s ou indenizações por dano indireto.

A responsabilidade civil no direito brasileiro

O art. 389 do Código Civil brasileiro, já transcrito, tem de ser conjugadamente analisado com o art. 186 do mesmo código, que estabelece:

> Art. 186. Aquele que, por ação ou omissão voluntária, negligência ou imprudência, violar direito e causar dano a outrem, ainda que exclusivamente moral, comete ato ilícito.

Aguiar Dias (1995) sugeriu, em sua obra clássica, que esse artigo foi primoroso em eliminar uma grave confrontação doutrinária não solucionada na doutrina francesa sobre o real conceito de culpa e sua diferenciação em relação ao dolo. Tem razão o civilista brasileiro, pois logrou o nosso atual Código Civil, que repete o dispositivo do antigo código de 1916 (art. 159), com muita destreza eliminar essa inconsistência simplesmente se referindo, como o fez no preâmbulo daquele artigo, à expressão "ação ou omissão voluntária do agente" como um ato ilícito, um ato infringente a um dever legal ou contratual que imponha, por seu turno, um fazer ou não fazer. De fato, o problema foi resolvido.

O art. 186 do Código Civil brasileiro vigente parece que se orienta no mesmo sentido, pois estabelece duas novidades: o conceito do dano moral e o cometimento específico do ato ilícito. O citado dispositivo não se refere à expressão anterior do art. 159 do Código Civil de 1916 acerca da obrigação de "reparar o dano". Todavia não se deve daí inferir que o código atual não estabeleça a obrigação de reparação de danos, pois decididamente o cometimento de ato ilícito, nos termos do próprio art. 389 ("Não cumprida a obrigação, responde o devedor por perdas e danos [...]"), enseja a obrigação de reparação dos prejuízos. Afinal de contas, não cumprir a obrigação, seja legal ou contratual, caracteriza o ato ilícito, e este, consequentemente, gera a obrigação de reparar os danos daí resultantes. O que importa relevar é que, mais do que nunca, o art. 389 do Código Civil atual deve necessariamente ser interpretado conjugadamente com seu art. 186 (Andrade Jr., 2006a). Entre nós, a teoria da responsabilidade civil tem sido igualmente recebida não só na doutrina mas também na jurisprudência.

Casos específicos de responsabilidade civil no direito brasileiro

Há casos específicos de responsabilidade civil no direito brasileiro pertinentes ao transporte, por ser um dos contratos mais relevantes no comércio internacional. O transporte pode ser aéreo, rodoviário, ferroviário, hidroviário, marítimo e dutoviário, e os acidentes dos quais decorram responsabilidades podem ocorrer em qualquer um desses modais, em nível nacional ou internacional.

Responsabilidade civil decorrente de contrato de transporte

A maior parte dos casos jurisprudenciais de que se ocupam as doutrinas estrangeira e pátria a respeito de responsabilidade civil circula ao redor de casos relativos a acidentes decorrentes de contratos de transporte. Para essa finalidade, vamos dividir o exame em transportes por via férrea, rodoviário, aéreo e marítimo.

Transporte por via férrea

O assunto foi esgotado por Aguiar Dias (1995), a quem remetemos para um exame mais detalhado do tema. A responsabilidade civil decorrente do transporte ferroviário se baseia, em nosso país, no Decreto Legislativo nº 2.681, de 7 de dezembro de 1912, ainda em vigor, que estabelece:

> Art. 1º. As estradas de ferro serão responsáveis pela perda total ou parcial, furto ou avaria das mercadorias que receberem para transportar.
> Será sempre presumida a culpa e contra esta presunção só se admitirá alguma das seguintes provas:
> 1ª. caso fortuito ou força maior;
> 2ª. que a perda ou avaria se deu por vício intrínseco da mercadoria ou causas inerentes à sua natureza;
> 3ª. tratando-se de animais vivos, que a morte ou avaria foi consequência de risco que tal espécie de transporte faz naturalmente correr;

4ª. que a perda ou avaria foi devida ao mau acondicionamento da mercadoria ou a ter sido entregue para transportar sem estar encaixotada, enfardada ou protegida por qualquer outra espécie de envoltório;
5ª. que foi devido a ter sido transportada em vagões descobertos, em consequência de ajuste ou expressa determinação do regulamento;
6ª. que o carregamento e descarregamento foram feitos pelo remetente ou pelo destinatário ou pelos seus agentes e disto proveio a perda ou avaria;
7ª. que a mercadoria foi transportada em vagão ou plataforma especialmente fretada pelo remetente, sob a sua custódia e vigilância, e que a perda ou avaria foi consequência do risco que essa vigilância devia remover.

Já a responsabilidade por danos pessoais está prevista no art. 17 do mesmo decreto legislativo, que dispõe:

Art. 17. As estradas de ferro responderão pelos desastres que nas suas linhas sucederem aos viajantes e de que resulte a morte, ferimento ou lesão corpórea.
A culpa será sempre presumida, só se admitindo em contrário alguma das seguintes provas:
1ª. caso fortuito ou força maior;
2ª. culpa do viajante, não concorrendo culpa da estrada.

A jurisprudência brasileira, majoritariamente, com apoio no supracitado decreto legislativo, reconhece a responsabilidade das companhias de transporte ferroviário, com base na teoria objetiva ou então com base na culpa presumida do transportador.

Vale registrar que está havendo uma evolução jurisprudencial no sentido de determinar a responsabilidade civil ao transportador ferroviário mesmo na hipótese de eventual culpa concorrente do passageiro.

Transporte rodoviário

A maioria esmagadora dos casos jurisprudenciais no país a respeito de responsabilidade civil menciona os acidentes em vias públicas ou envolvendo o transporte rodoviário. O Brasil detém um fatal e terrível primeiro lugar em acidentes da espécie no mundo inteiro, superando países muito mais populosos e com um fluxo muito maior de veículos, por exemplo em torno de 50 milhões, como os Estados Unidos.

Apresentamos a seguir alguns interessantes casos jurisprudenciais em que se discute a responsabilidade do transportador relativamente às vítimas acidentadas no interior ou externamente ao veículo. Assim se pronunciou o 2º Tribunal de Apelação Cível (TAC) de São Paulo (AP. c/Rev. 529.791, 10ª Autor: "condutor" Câmara):

> Empresa que assuma a responsabilidade de conduzir seu funcionário ao fim da jornada de trabalho não o faz por mera liberalidade, pois o transporte do empregado atende a seus interesses, tendo o dever contratual de levá-lo incólume ao destino previamente combinado. Preliminar de ilegitimidade passiva repelida [apud Andrade Jr., 2003].

Interessante notar os casos jurisprudenciais de acidentes que ocorreram relativamente a atos ilícitos dentro dos veículos de transporte terrestre coletivo (como o ônibus). Aqui a jurisprudência brasileira parece que se firma para exonerar a transportadora de responsabilidade por acidentes relativos aos atos ilícitos ocorridos dentro do veículo:

> A segurança pública é dever do Estado, exercida para preservação da ordem pública e da incolumidade das pessoas e do patrimônio, não cabendo ao cidadão comum ou às empresas a

execução de atividades de defesa civil (artigo 114, Constituição Federal/88). Por isso, o falecimento de funcionário alvejado por disparo de arma de fogo, em assalto durante a jornada de trabalho e no exercício de sua atividade profissional, não caracteriza a culpa da empregadora, seja pela inexistência de dever legal, seja porque o evento era totalmente imprevisível e inevitável [apud Andrade Jr., 2003].

Transporte aéreo

Parte considerável do comércio exterior atualmente é aerotransportada, razão pela qual examinamos o tema da responsabilidade civil em matéria de transporte aéreo nesta seção. A responsabilidade civil relativa a acidentes, danos pessoais e a cargas relativamente ao transporte aéreo é conjugadamente regulada pelo Código Civil, pelo Código Brasileiro do Ar e pela Convenção Internacional da Iata. O novo Código Brasileiro do Ar, de 1986, apesar de imputar a responsabilidade civil ao transportador pelos danos causados às vítimas (passageiros) ou ainda pelas perdas de cargas ou atrasos de voos, deixa tal responsabilidade limitada a valores de indenização fixados no contrato de transporte (bilhete ou contrato). Assim, a jurisprudência brasileira majoritária tem indicado que a responsabilidade civil deva ser regulada pelo Código Civil e não pelo Código Brasileiro do Ar. De outra forma, registre-se também que não é somente o transportador, senão o próprio fabricante da aeronave, a quem eventualmente se atribui responsabilidade por força do art. 280 do Código Aeronáutico de 1986:

> Art. 280. Aplicam-se, conforme o caso, os limites estabelecidos nos artigos 257, 260, 262, 269 e 277, à eventual responsabilidade:
> I. do construtor de produto aeronáutico brasileiro, em relação à culpa pelos danos decorrentes de defeitos de fabricação;

II. da Administração de aeroportos ou da Administração Pública, em serviços de infraestrutura, por culpa de seus operadores, em acidentes que causem danos a passageiros ou coisas.

Por outro aspecto, no tocante às leis internacionais e tratados que complementam a legislação do transporte aéreo, o nosso STF julgou a concorrência de corresponsabilidade de empresas, aplicando-se-lhe, em diversos trechos da viagem, os textos dos diferentes tratados internacionais.

Transporte marítimo

Este é um dos mais importantes contratos internacionais no comércio exterior. A maior parte das mercadorias é transportada por embarcações em virtude do menor custo do frete internacional. O transporte marítimo é economicamente mais viável do que as outras modalidades e, por vários motivos, essa via é geralmente a mais barata: o navio tem maior capacidade do que outros meios de transporte ("uma verdadeira cidade navegando"), tem logística superior e capacidade para atender a maior número de lugares e transportar maior variedade de cargas.

Podemos indicar que os transportadores marítimos buscam sempre se exonerar de responsabilidades, apondo em letras minúsculas as cláusulas de sua exoneração. Entretanto, os leitores precisam ser advertidos de que essas cláusulas, ou pelo menos a maioria delas, não são válidas no Brasil. O Supremo Tribunal Federal, por meio de sua Súmula nº 161, pontificou o entendimento em virtude do qual, em contrato de transporte marítimo, a cláusula de não indenizar que poderia de outra forma aproveitar aos transportadores não vale. Assim, ficariam os transportadores obrigados a indenizar os proprietários das cargas. Há duas soberanas isenções, todavia, ao princípio sumular do STF: a primeira é a circunstância da "força maior", que adiante vamos examinar mais detidamente. A força maior, oriunda da expressão francesa mundialmente consagrada *force majeure*, é relativa ao fato ou circunstância totalmente fora do controle e da vontade das partes contratantes, que impossibilita o cumprimento da obrigação contratual.

Ainda como espécie de "força maior", devemos examinar a hipótese da "avaria grossa", que consiste num evento de força maior em virtude do qual o comandante da embarcação pode ordenar "carga ao mar" se a embarcação e a tripulação se encontrarem em perigo. É certo, todavia, que a situação de perigo não pode ter sido causada pela própria tripulação por força de culpa – imprudência, negligência ou imperícia. Nesse caso, a avaria grossa não poderá ser alegada pelo transportador, em virtude da origem culposa do acidente, e o evento não poderá mais ser enquadrado como de "força maior". Portanto, a responsabilidade deverá ser aquilatada caso a caso, verificando-se as circunstâncias em que o acidente e as consequentes perdas ocorreram.

A segunda importante exceção ao princípio sumular do STF consiste na condição de *seaworthiness* da embarcação ao zarpar do porto de origem. Essa expressão inglesa significa "condição de navegabilidade" da embarcação. Se a embarcação apresentava condição de navegabilidade ao zarpar e esta se deteriorou por motivos de força maior ao longo do trajeto, dessa situação não se pode depreender responsabilidade imputável ao transportador marítimo. Todavia, novamente, se o incidente do qual resulte perda de mercadoria no mar resultou de negligência – "culpa, conforme examinamos no início deste capítulo –, a responsabilidade será do transportador marítimo, independentemente da condição de *seaworthiness* ao zarpar.

Além das regras pertinentes ao direito internacional marítimo, o direito brasileiro também encerra suas próprias regras normalmente complementares. Na conformidade da legislação pátria, a responsabilidade do transportador marítimo relativamente aos prejuízos causados às vítimas, bagagens e cargas resultantes de acidentes e abalroamentos está prevista no Código Comercial brasileiro, nos arts. 749 a 752. O art. 749 imputa a responsabilidade pelos danos causados decorrentes do abalroamento – expressão que significa qualquer choque entre duas embarcações e que difere de colisão, que é o choque entre uma embarcação e qualquer objeto que não seja uma embarcação – à embarcação causadora do acidente, se este tiver acontecido por falta de observância do regulamento do porto, imperícia, negligência do capitão ou da tripulação, devendo os prejuízos ser estimados por árbitros.

A propósito, a matéria é de competência do Tribunal Marítimo. E a Lei nº 2.180, de 5 de fevereiro de 1954, e suas revisões dispõem sobre este tribunal, definindo-o como um órgão autônomo, auxiliar do Poder Judiciário, vinculado ao Comando da Marinha, órgão do Ministério da Defesa, e que tem como atribuições julgar os acidentes e fatos de navegação marítima, fluvial e lacustre, bem como manter o registro da propriedade marítima, tendo jurisdição em todo o território brasileiro. Fica nítido que, a despeito do nome, o Tribunal Marítimo não exerce funções judiciárias, sendo, com certeza, um órgão do Poder Executivo.

Perdas e danos

A questão da abrangência, no direito brasileiro, das perdas e danos está delineada no Código Civil:

> Art. 402. Salvo as exceções expressamente previstas em lei, as perdas e danos devidos ao credor abrangem, além do que ele efetivamente perdeu, o que razoavelmente deixou de lucrar.

Esse dispositivo legal faz referência às duas espécies tradicionalmente conhecidas em nosso direito para a composição de perdas e danos: os danos efetivos e os danos emergentes e lucros cessantes.

Danos efetivos

Os danos efetivos são o que a pessoa efetivamente perdeu. Exemplo típico: a embarcação afundou em decorrência de negligência do comandante ou da tripulação, e o importador vem a perder totalmente a carga já paga, mas em trânsito. Objetivamente, nesse caso, o valor do conhecimento de transporte (*billof lading*, ou conhecimento de embarque) deve ser mais do que suficiente para a avaliação. Mas poderá haver casos em que os valores possam ser disputados. Nesses casos, um laudo técnico de avaliação poderá ser exigido ou recomendável em juízo, caso existam disputas.

Danos emergentes e lucros cessantes

A linguagem clássica do conceito dessa espécie de dano, prevista no nosso Código Civil de 1916, ainda reverbera em nossas mentes: "aquilo que a pessoa razoavelmente deixou de ganhar" foi substituída pela expressão da parte final do art. 402 do atual código: "o que razoavelmente deixou de lucrar".

A questão consiste em saber o que seria "razoavelmente" deixar de lucrar. A lei civil brasileira não fornece parâmetros dentro dos quais seja possível avaliar os chamados "lucros cessantes". Nossa experiência, todavia, nos tem fornecido alguns expedientes pelos quais podemos fazer essas avaliações. Temos utilizado, e os juízes têm aceitado bem, o seguinte raciocínio para a determinação dos lucros cessantes. Imagine-se, a título de ilustração, que determinada carga contendo produtos primários (matérias-primas ou componentes) não tenha chegado a sua destinação por conta de um acidente no percurso (o navio afundou, por exemplo). Por falta de matérias-primas, partes ou componentes, o importador (industrial) deixa de fabricar determinada quantidade de produtos finais. Como fazer? É muito provável que o industrial tenha um histórico de fabricação dos produtos finais onde se possa, após averiguação de sua estrutura de custos, determinar seu lucro líquido nas vendas dos produtos finais. Como a atividade manufatureira é uma atividade futura, não seria aconselhável calcular com base em intenções de lucros, pois claramente iria se configurar um lucro especulativo, com o qual a ordem jurídica não se compadece. Assim, o ideal seria, por exemplo, o industrial demonstrar em juízo o fluxo de vendas, digamos nos últimos meses ou nos últimos anos. Suponhamos, então, que comprove que a média anual de lucro líquido nas vendas dos últimos dois anos foi de R$ 5 milhões em cada ano passado. Dessa forma, se puder comprovar que com a matéria-prima perdida tenha deixado de fabricar o produto final pelo período futuro de três anos, seus lucros cessantes serão de 3 × R$ 5 milhões = R$ 15 milhões, além, é claro, dos danos efetivos, ou seja, o valor da matéria-prima efetivamente perdida.

Danos morais

Os danos morais são uma figura compensatória extemporânea, introduzida em nosso ordenamento jurídico positivo pela Constituição Federal brasileira de 1988. Seu conceito é problemático, pois, ao contrário do que se poderia supor, não se limita apenas a questões de natureza ética ou moral; vai além, para incluir questões de foro íntimo, como traumas psicológicos e problemas emocionais decorrentes do próprio inadimplemento. Hoje se admite que não somente pessoas físicas possam intentar reparação por danos morais, mas igualmente pessoas jurídicas, no tocante à chamada "perda da imagem". Os danos morais podem ser alegados nas questões civis, comerciais e até nas questões trabalhistas.

Nos contratos internacionais, danos morais podem ser concebíveis e alegados em juízo em decorrência do rompimento dos contratos de comércio exterior. Imagine-se, por exemplo, a alegação dos danos morais por uma empresa importadora que, em decorrência da impossibilidade de entrega das mercadorias importadas, deixe de fornecê-las no mercado ao qual se destinavam; ou ainda da empresa importadora que, pelas mesmas razões, deixa de fabricar seus produtos finais por falta de entrega das matérias-primas nunca entregues pelo exportador ou pelo transportador.

O problema todo consiste em que, no direito brasileiro, a lei constitucional faz uma menção muito genérica; não há qualquer elemento definidor do que seja o dano moral e, principalmente, de como se calcula o dano moral. Daí que as interpretações são as mais díspares. Na ausência de um elemento regulador, os juízes ficam inteiramente à vontade para fixar o valor do dano moral e fazem-no de forma extremamente arbitrária, sem qualquer nexo lógico ou racional. Assim, por exemplo, em duas interpretações jurisprudenciais, para devolução de cheque de aproximadamente o mesmo valor, um tribunal determinou um dano moral mil vezes maior do que o do outro tribunal. Isso desequilibra muito a ordem social e produz imensas injustiças. Normalmente, os tribunais brasileiros têm sido muito tímidos na fixação do dano moral, o que por si só também pode representar uma injustiça. A ausência de valores mínimos indenizatórios e de uma regulamentação clara também representa uma forma de denegação de justiça.

Esses são, leitor, os principais contornos da matéria da responsabilidade e do dever de indenizar.

No próximo capítulo, trataremos dos eventos que exoneram a parte atingida de cumprir uma obrigação – denominados eventos de força maior e caso fortuito – e também vamos discorrer sobre as justificativas para a eventual revisão dos contratos – a chamada teoria da imprevisão.

4

Força maior e teoria da imprevisão

Neste capítulo, vamos tratar das chamadas cláusulas que exoneram a responsabilidade das partes – caso fortuito e força maior – ou que tornam possível a revisão dos termos originais de um contrato em razão de questões supervenientes à sua assinatura.

A força maior e o caso fortuito

Embora as duas expressões sejam normalmente empregadas, em português, de forma sinônima, a doutrina, desde há muito, distingue os dois: o caso fortuito e a força maior, incluídos entre as causas exoneratórias da responsabilidade.

O caso fortuito é identificado pelos eventos ou elementos estranhos ou independentes da condição humana, eventos telúricos, como vendavais, inundações e terremotos. Já a força maior seria o evento de origem humana, em que houve interferência da mão do homem, embora inteiramente fora do controle das partes contratantes, ou seja, um ato de terceiro estranho ao contrato, por exemplo, o "ato do príncipe" – expressão usada para identificar uma determinação geral ou imprevisível, de origem estatal, que onera ou impede a execução do contrato. Segundo Di Pietro (2010), o fato ou ato do príncipe repercute no contrato provocando desequilíbrio econômico-financeiro. Na ocorrência desse fato, deverá haver o restabelecimento de tal equilíbrio.

Além do fato atribuível à autoridade governamental, também as greves, guerras e revoluções são eventos de força maior. No entanto, a despeito das diferenças conceituais e filosóficas, o Código Civil brasileiro juntou os dois – caso fortuito e força maior – no mesmo parágrafo único do art. 393, como exoneratórios da responsabilidade civil, em virtude do caráter de inevitabilidade dos eventos assim ocorridos, exceto se as partes tiverem contratualmente assumido a responsabilidade a despeito de sua ocorrência.

De qualquer um dos dois eventos, em virtude da inevitabilidade da sua ocorrência, resultará a impossibilidade, para uma ou ambas as partes contratantes, de cumprimento das obrigações assumidas, ensejando a desoneração para uma ou para ambas do implemento de tais obrigações contratuais enquanto perdurarem os citados eventos e, destarte, exonerando-as da responsabilidade civil decorrente de tal descumprimento.

Muitas vezes, a cláusula de força maior remete a outra, intitulada *definitions*, na qual tudo se esmiúça, até mesmo o que vêm a ser os desastres naturais e os assim chamados *acts of God*, caracterizáveis como força maior. Já os contratos preparados por juristas de tradição romano-germânica exibem cláusulas de força maior nitidamente menores, mais sintéticas, que remetem às definições legais, como a do art. 393, parágrafo único, do Código Civil vigente, a saber: "O caso fortuito, ou de força maior, verifica-se no fato necessário, cujos efeitos não era possível evitar ou impedir".

De uma leitura dos diplomas legais pelo mundo e das decisões jurisprudenciais a respeito do tema, pode-se extrair como resultado a conclusão de que os seguintes aspectos principais caracterizam a situação de força maior, ou de caso fortuito, a qual poderá vir a ser indicada como elemento exoneratório da responsabilidade da parte atingida que descumpre uma obrigação:

- o fato de que se trata de um evento extraordinário, externo à parte, ou seja, não foi ela quem o provocou;
- sua imprevisibilidade, isto é, o contratante prudente não poderia imaginar que com certeza fosse ocorrer tal circunstância impeditiva do cumprimento da obrigação;
- sua irresistibilidade ou inevitabilidade, vale dizer, não há como impedir que tal evento leve à impossibilidade de cumprir o acordado;
- o fato de ele tornar impossível ou retardar a execução do contrato ou obrigação.

Dessa forma, embora a regra, no que tange aos contratos, seja a de que os acordos devem ser cumpridos (*pacta sunt servanda*), em situações excepcionais justifica-se o inadimplemento. Veja-se, a propósito, o que dizem os *Principles of the Existing EC Contract Law* ("Princípios do direito europeu dos contratos") (Acquis Group, 2009), adotando considerações que, de forma semelhante, são registradas nos Princípios do Unidroit 2010 e na Convenção das Nações Unidas sobre os Contratos de Compra e Venda Internacional de Mercadorias de 1980:

> Considera-se exonerado das consequências de sua inexecução o devedor que provar que essa inexecução é devida a um impedimento fora de seu controle e que não se pudesse razoavelmente esperar que este o levasse em consideração no momento da conclusão do contrato, que o previsse ou superasse, ou que previsse ou lhe evitasse as consequências [art. nº 8.108].

Um aspecto interessante, como dito, consiste em que tanto o caso fortuito quanto o evento de força maior podem ter um efeito ou duração temporária, de tal forma que não seja definitiva, mas perdure apenas durante certo lapso de tempo a impossibilidade do cumprimento da obrigação contratual. Destarte, é admissível a parte ou as partes considerarem tais efeitos apenas parcialmente exoneratórios ou suspensivos do implemento da obrigação contratual, restituindo-se ao estado anterior (*status quo ante bellum*) e, portanto, voltando a exigir mutuamente o cumprimento de suas respectivas obrigações, uma vez que aqueles efeitos impeditivos se extinguiram. Todavia, normalmente a força maior e o caso fortuito ocorrem em caráter permanente, de forma a inviabilizar em definitivo o cumprimento dos contratos, e podem levar a seu encerramento.

Muitas vezes, o longo decurso do tempo entre a declaração da ocorrência do evento de força maior e sua eventual superação ou encerramento torna imprestável para uma ou ambas as partes a continuidade do próprio contrato. Daí por que alguns contratos estabelecem expressamente que se o evento de força maior durar mais do que certo tempo, qualquer uma das partes poderá dar por encerrado o acordo. Outras vezes, porque, em razão da própria natureza do contrato, há interesse na continuidade do vínculo entre as partes mesmo depois de um longo prazo de permanência da circunstância impeditiva de seu cumprimento, as partes preferem deixar a redação da cláusula em aberto quanto a esse aspecto.

Um exemplo do primeiro caso são os contratos de prestação de serviço em que houve algum tipo de mobilização de pessoal e equipamentos para o local de execução dos trabalhos. Depois de certo tempo de suspensão contratual devido à força maior, torna-se oneroso para ambos os lados a manutenção em vigor do acordado.

Um exemplo da segunda hipótese pode ser encontrado nos chamados contratos de investimento, ou seja, contratos de concessão de serviços ou contratos de exploração de recursos minerais, entre outros. Se uma das partes já investiu montante expressivo e espera, com a retomada dos trabalhos, recuperar o capital investido, pode ser importante manter o contrato suspenso por um bom lapso de tempo, até que a força maior seja levantada, e a parte investidora possa então retomar sua atividade e buscar o ressarcimento de seus custos.

A teoria da imprevisão

Trata-se de uma das mais empolgantes teorias já concebidas, razão pela qual lhe pedimos licença, leitor, para nesse tema nos estendermos um pouco mais, pela importância de que se reveste. Ademais, as repercussões da adoção dessa teoria para os contratos são extremamente relevantes e merecem, pois, um exame mais cauteloso e adensado, que faremos nos próximos parágrafos. Embora não seja uma teoria nova, conforme poderemos verificar adiante no nosso exame, foi incorporada de forma expressa no Código Civil brasileiro de 2002, em seu art. 478:

> Art. 478. Nos contratos de execução continuada ou diferida, se a prestação de uma das partes se tornar excessivamente onerosa, com extrema vantagem para a outra, em virtude de acontecimentos extraordinários e imprevisíveis, poderá o devedor pedir a resolução do contrato. Os efeitos da sentença que decretar a resolução do contrato retroagirão à data da citação.

Essa teoria consiste em admitir a revisão judicial de cláusulas do contrato à medida que eventos futuros, totalmente imprevisíveis e imprevistos, modifiquem substancialmente as circunstâncias e bases do negócio vigentes ao tempo da celebração do contrato, rompendo a equivalência das prestações originariamente existentes e gerando, para uma das partes, um ônus excessivo e, para a outra, um enriquecimento indevido.

Temos afirmado que o direito é a tentativa de resolução de conflitos axiológicos, conflitos de valores, ou seja, a tentativa de compor controvérsias de valores entre os participantes do processo social (Andrade Jr., 2006a). Sob toda discussão doutrinária e no bojo das teorias, o que existe é sempre o paradoxo valorativo que a norma jurídica tem de compor a fim de restabelecer a paz e o equilíbrio sociais. Aqui, na discussão da teoria da imprevisão, não há exceção; existe o embate de dois valores, ambos meritórios de proteção jurídica: de um lado, o princípio do *pacta sunt servanda*, de que os contratos devem ser cumpridos tal como foram celebrados; de outro, o princípio consubstanciado na cláusula *rebus sic stantibus*, sobre a qual repousa a teoria da imprevisão, fundamentada num valor de justiça e equidade que também inspiram o direito. Em outras palavras, existe aqui a tensão valorativa eterna entre os dois pilares do direito: a segurança e a justiça.

O princípio do *pacta sunt servanda* demanda que o que foi pactuado pelas partes tenha de ser cumprido. Os contratos fazem lei entre as partes de tal forma que, a rigor, os contratantes devem cumprir com as obrigações assumidas, ainda que elas se projetem para o futuro. Não fosse esse princípio, não haveria a segurança nas relações jurídicas, a confiabilidade em que as promessas espelhadas no instrumento contratual fossem cumpridas e, portanto, a vida social tornar-se-ia insuportável para todos. O princípio provém ao mundo ocidental do direito romano.

Quanto ao princípio da cláusula *rebus sic stantibus*, não se sabe ao certo sua origem. A expressão provém de uma referência latina, possivelmente de origem medieval, que enuncia: *Contractus qui habent tractum successsivum et dependentiam de futuro rebus sic stantibus intellinguntur*, ou seja, "os contratos de trato sucessivo e de dependência de eventos futuros devem ser interpretados nas condições originariamente prevalentes à data da contratação".

Rebus sic stantibus, literalmente, quer dizer "as coisas devem assim ser mantidas". Observe, leitor, que, de acordo com essa cláusula, o que deveriam ser mantidas não eram as promessas, mas as condições ou circunstâncias negociais em que as partes celebraram o contrato. Portanto, a expressão "coisas" se refere às circunstâncias ou condições em que o negócio foi ajustado entre as partes. Como dissemos, é improvável que o direito romano reconhecesse tal princípio, pois havia neste um formalismo excessivo, um rigor que apontava sempre em sentido contrário, vale dizer, ao de que *pacta sunt servanda*. O contrato era visto como engendrando uma relação obrigatória, e, portanto, qualquer modificação que pudesse existir admitir-se-ia em medida extremamente limitada. É mais provável que os pós-glosadores medievais, como Alciato, Bartolo e Tiraquello, ao interpretar o trabalho dos doutores da Igreja, como Santo Agostinho, Tomás de Aquino e outros, tivessem o mérito de haver formulado a doutrina que seria mais tarde reconhecida como a cláusula *rebus sic stantibus*.

Todavia, o reexame da cláusula só ocorreu na primeira metade do século XX, com o advento da I Guerra Mundial no período de 1914-1918. Com a eclosão desse primeiro conflito mundial, todo o panorama econômico nomeadamente europeu se desfez de forma tão profunda e alterações econômicas tão substanciais tiveram lugar, que se alteraram as bases dos contratos previamente celebrados. Assim, aqueles contratos em que o devedor houvesse de entregar determinadas mercadorias por determinados preços ajustados, tais como combustíveis e outras matérias-primas, de forma continuada e avançada no tempo, precisaram ser revistos em razão da guerra, que provocara repercussões nefastas sobre tais preços, fazendo com que se multiplicassem muitas vezes. Na Alemanha, o problema se tornou aguçadíssimo, pois, com a desvalorização do marco, a onerosidade para quem devesse receber o preço impunha um sério problema, inclusive atentatório à boa-fé das partes. Os tribunais do Reich não tiveram grandes dificuldades em aplicar a doutrina da *rebus sic stantibus* porque já havia inúmeros dispositivos no Código Civil alemão dando suporte à mesma, tais como os arts. 157 (que previa a possibilidade de contratar a cláusula tacitamente) e 242 (que a baseava no princípio da boa-fé).

Enneccerus (1944), o grande civilista alemão, ex-professor da Universidade de Marburg e ex-ministro da Justiça no início do século XX, relata-nos essa tendência na doutrina e jurisprudência alemãs:

> A ideia da equivalência conduziu, em definitivo, ao reconhecimento de um direito de rescisão por causa da alteração das circunstâncias. Este direito se fundamentou, em parte, na antiga doutrina da cláusula *rebus sic stantibus* e, em parte, na doutrina da pressuposição de Windscheid. Assinalou-se a possibilidade de convencionar a cláusula tacitamente (art. 157 do C. C.) e se procurou derivá-la do princípio do art. 242 (boa-fé). Paralelamente, o Tribunal do Reich reconheceu, em numerosas decisões, um direito de rescisão quando, por consequência das alterações essenciais da situação econômica, produzidas pela guerra ou pela revolução, a prestação se tivesse convertida, do ponto de vista econômico, em outra completamente diferente daquela originariamente pensada e desejada pelas partes, de forma que forçar o cumprimento contratual resultaria em contrariar a boa-fé.

A engenhosidade dos juristas alemães não parou por aí, na fundamentação da aplicação da doutrina revisional das cláusulas contratuais. Assim, juristas como Heinrich Lehmann e Oertmann, citados por Enneccerus, esboçaram a teoria do "desaparecimento da base do negócio". Ancorado nessa teoria, nosso julgamento, muito semelhante à pressuposição de Windsheid, é de que as partes, ao celebrar o contrato, fizeram-se mutuamente certas declarações (*representations* do direito anglo-americano) em relação às bases do negócio quanto, por exemplo, a preços, valores e, principalmente, equivalência da prestação e contraprestação.

Com efeito, nos contratos sinalagmáticos, bilaterais e onerosos, existe, de certeza, uma equivalência das prestações que as partes objetivaram e sem a qual não existiria o negócio e, consequentemente, o contrato. Assim, vendo meu imóvel para receber um "x" em dinheiro porque acredito que esse valor "x" seja equivalente ao valor do imóvel que vendo. Não tivesse essa equivalência em mente, certamente não efetuaria o negócio e, por conseguinte, não celebraria o contrato. Se, após esse contrato, eventos totalmente futuros e imprevistos desfiguram inteiramente essas "bases do negócio", vale dizer, rompem aquela originariamente desejada "equivalência das prestações", uma das partes, a prejudicada por esse rompimento, tem o direito ou de rescindir ou de rever o contrato. Esse desfazimento das bases do negócio produziria, portanto, ou o desfazimento do contrato ou sua revisão judicial. Os eventos imprevisíveis que ocorram após a celebração do contrato produzem tais mudanças radicais nas bases do negócio, que se as partes (ou pelo menos uma delas) pudessem tê-las previsto jamais teriam celebrado o contrato. Em síntese, eis a doutrina repousada no princípio do "desaparecimento da base do negócio".

Todavia, como bem lembrado por Enneccerus (1944), há duas condições para que se possa reconhecer a procedência da doutrina. A primeira é a de que os eventos futuros e incertos sejam total e absolutamente imprevistos e imprevisíveis pelas partes. E a segunda, que o rompimento da equivalência das prestações seja absolutamente "extraordinário e subversivo", de forma a gerar uma "desproporção insuportável entre a prestação e a contraprestação". Assim, ficariam excluídas da aplicação doutrinária da cláusula *rebus sic stantibus* aquelas transações de natureza essencialmente especulativa com mercadorias, como os negócios designados "a termo", em que as partes jogam precisamente com o risco e a especulação referentemente a eventos futuros e incertos e que passam a fazer parte de sua "previsibilidade", e, por conseguinte, não podem mais tarde alegá-los como eventos imprevisíveis para alterar as condições contratadas ou se eximirem de cumprir seus contratos na forma pactuada.

Enneccerus (1944), finalmente, ensina ainda que essas considerações não podem e não devem ser levadas em conta isoladamente, senão em seu conjunto. Assim, os julgadores devem considerar não somente as finalidades almejadas pelas partes mas também a proteção do princípio da boa-fé contra o qual estaria sendo atentado, na medida em que se permitissem que os eventos novos e totalmente imprevistos pelas partes pudessem ensejar um prejuízo imenso para uma das partes, em contrapartida a um lucro excessivo e moralmente injustificável à outra.

Na França, à vista da inexistência de regulamentação específica sobre a cláusula *rebus sic stantibus*, a jurisprudência encontrou maior resistência à aplicação da doutrina *rebus sic stantibus* ou da teoria da imprevisão. Com efeito, o Código Napoleônico não dá guarida à doutrina. Todavia, da mesma forma que afetou a Alemanha, a I Guerra Mundial afetou a França (como, aliás, afetou toda a Europa), resultando na promulgação, em 11 de outubro de 1919, da Lei Failliot, que permitiu especificamente em relação a alguns contratos seu reajuste para eliminar as distorções decorrentes do conflito mundial. Mas, logo depois, a doutrina parece que foi esquecida pelos tribunais franceses, apegados ao seu Código Civil e à tese da imutabilidade dos termos contratuais.

No Brasil, durante a vigência do Código Civil de 1916, a aplicação da teoria da imprevisão sempre foi extremamente problemática. Primeiro porque o nosso Código Civil foi promulgado em 1916 e, pelo tempo em que tramitou no Congresso Nacional (tendo o mesmo fenômeno ocorrido com o atual código), já teria "nascido velho". Assim, elaborado no início do século, promulgado somente em 1916 e entrando em vigor 1917, aquele código não poderia espelhar as conclusões da construção doutrinária, nomeadamente alemã e francesa, acerca dessa teoria, que teriam ocorrido durante e após o segundo grande conflito mundial. Por esse motivo não há disposições claras a respeito do tema em nosso Código Civil de 1916. A despeito, tratadistas indicam alguns dispositivos esparsos, como os arts. 1.091 e 1.092, que trariam em seu bojo, tacitamente, da doutrina, embora julguemos apressada e exagerada essa conclusão. Entendemos que não há guarida em nossa lei para a doutrina, prevalecendo, pois, a tese da inalterabilidade das cláusulas contratuais, salvo no que agora veio expressamente regular o art. 478 do atual Código Civil de 2001 (Andrade Jr., 2006a).

Não obstante, em que pese à omissão legislativa, civilistas pátrios estudaram a fundo a teoria, preconizando sua adoção entre nós. Um deles foi Arnoldo Medeiros da Fonseca, em sua obra clássica de 1958, *Caso fortuito e a teoria da imprevisão*, que estudou ambos os temas à exaustão. Sua obra tem servido como uma inspiração para todos os demais autores. Aliás, estribados em sua obra, já podemos delinear a principal diferença que existe entre ambos. Enquanto no caso fortuito ou força maior o evento futuro e imprevisto produz, geralmente, a impossibilidade do cumprimento do contrato, na teoria da imprevisão o evento produz uma onerosidade excessiva para uma das partes, tornando o cumprimento da obrigação pela parte atingida, embora possível, reprovável do ponto de vista ético.

Eis aí o cerne da dificuldade de sua aplicação entre nós até o advento do novo código: a teoria da imprevisão repousa em princípio doutrinário de inspiração ética, enquanto o *pacta sunt servanda* está assentado num longo, bem-estabelecido princípio geral de direito, reconhecido por vários dispositivos de nosso Código Civil em vigor, tais como os arts. 928, 929, 955, 956 e, indiretamente, o art. 159.

Revejamos a aplicação dessa teoria e seus princípios basilares e norteadores. Para que ocorra a aplicação da teoria da imprevisão, é essencial que:

❑ ocorram eventos após a realização do contrato sinalagmático (bilateral) e oneroso, que não tenham sido previstos e não pudessem ter sido previstos pelas partes, utilizando-se o critério ou padrão médio de inteligência, sagacidade e cautela por parte dessas mesmas partes (por exemplo, num país sujeito a uma fase efetiva de inflação ou usualmente submetido a ciclos de grande impacto inflacionário, seria absolutamente temerário e incrível que as partes não previssem uma erosão inflacionária das parcelas do preço a serem pagas ao longo do tempo e, portanto, não tivessem se acautelado incluindo no contrato uma cláusula de reajuste dos preços);

❑ os citados eventos tenham desfigurado ou alterado inteiramente as condições ou circunstâncias do negócio prevalentes à data em que as partes celebraram o contrato; não basta, pois, que as alterações sejam superficiais; é mister que sejam radicais e afetem profundamente essas condições;

❑ os citados eventos rompam o equilíbrio ou a equivalência das prestações. Assim, as partes, ao celebrar o contrato, efetivando o negócio, almejaram certa equivalência entre a prestação e a contraprestação. Se, com a materialização do evento futuro e imprevisível, inexiste essa equivalência entre prestação e contraprestação, ocorre um rompimento entre as prestações das partes;

- esse rompimento da equivalência entre prestação e contraprestação seja de tal ordem e magnitude que ocorra, para uma das partes, uma excessiva onerosidade e, para a outra, um injustificado ganho ou lucro do ponto de vista ético (aqui, pois, reside o elemento ético de não se permitir que alguém possa lucrar em virtude do empobrecimento alheio);
- numa projeção ou simulação mental, o intérprete ou julgador possa indagar se a parte prejudicada com o rompimento da equivalência das prestações teria contratado, a despeito e à luz dos mesmos eventos futuros e imprevistos; ou seja, teria contratado, ao tempo do ajuste contratual, nas novas condições resultantes ou modificadas pelos eventos imprevistos; em outras palavras, se teriam celebrado o contrato em data pretérita nas condições necessariamente inexistentes e diferentes daquelas vigentes após a materialização dos eventos imprevistos. Se a resposta for pela negativa, há de se aplicar a teoria da imprevisão. Esta é a prova final da aplicação da teoria da imprevisão. Se a resposta for pela negativa, ela há de ser aplicada.

A jurisprudência pátria tem, ao longo de quase um século, rechaçado a teoria da imprevisão, ressalvadas isoladas vozes. Não é difícil entender as causas. A primeira é a ausência de regulamentação legal que justifique sua aplicação, tornando os juízes brasileiros tão formal e literalmente agrilhoados ao texto legal quanto seus pares ao tempo do direito romano, no qual as partes tinham de usar certas expressões sacramentais para que a petição pudesse ser aceita. O formalismo e a própria índole do direito civil têm impedido a aplicação criativa do direito como conhecem os magistrados anglo-saxônicos que criativamente o constroem à margem do direito escrito e estatuído. A resultante timidez e o excessivo formalismo com que os magistrados brasileiros têm-se colocado nos últimos 100 anos impediram-nos de aceitar, largamente, a revisão judicial dos contratos.

Observações a respeito da força maior e da teoria da imprevisão

Hoje, ao contrário do que ocorria no passado, há uma clara regulamentação da teoria da imprevisão no nosso novo Código Civil, conforme se pode constatar pelo exame dos arts. 478 e 479. Aliás, o art. 479 permite que o juiz, ao verificar a existência de circunstâncias que o habilitem a aplicar a teoria da imprevisão, possa determinar a rescisão do contrato ou a revisão da cláusula considerada injusta e onerosa para uma das partes. Permite, ainda, que a própria parte a quem as novas circunstâncias aproveitem possa espontaneamente concordar com a revisão da cláusula e, dessa forma, impedir a revisão ou a rescisão judicial. Portanto, introduziu-se um importante instrumento para evitar as distorções socioeconômicas relatadas no parágrafo anterior. Todavia, os juízes precisam se acautelar de forma a não aplicar a teoria da imprevisão de forma desmesurada, de modo a romper o princípio da estabilidade dos contratos, tão precioso, em particular em matéria de contratos internacionais, no comércio exterior.

Resumindo, portanto, podemos referir (Borromeu de Andrade, 2011:75):

> Embora exista uma tendência para o uso mais restrito das referidas cláusulas [de força maior e de *hardship* ou teoria da imprevisão] no comércio internacional, não podemos deixar de registrar esses tipos de cláusulas em que as partes, reconhecendo a existência de fatores externos ao contrato e à sua vontade, admitem, expressamente, serem menos rígidas ao exigirem o cumprimento das condições contratuais acordadas.

Em primeiro lugar, é preciso distinguir entre os dois tipos de institutos:
– a *força maior* é caracterizada como sendo um evento imprevisível e irresistível que impede o cumprimento do contrato – por exemplo: um evento da natureza, como um terremoto ou furacão (*act of God*, na terminologia da *common law*), ou provocado por terceiros, como uma guerra civil ou uma proibição de exportação;
– já pela situação de *hardship* caracterizada pela teoria da imprevisão, temos um evento externo às partes, que torna mais oneroso para uma delas o cumprimento de suas obrigações no contrato. Em outras palavras: a equação econômico-financeira do contrato, que teve por base certos pressupostos quando da sua negociação e assinatura, encontra-se agora subvertida, com ônus excessivo para um dos lados.

O evento de força maior impede ou suspende a execução do contrato. O evento de *hardship* não impede a execução, apenas a torna mais onerosa para uma das partes, afetando o equilíbrio econômico-financeiro do contrato.

A solução prática encontrada na redação dos contratos para enfrentar a força maior é a inserção de cláusula prevendo a suspensão do contrato enquanto vigorar a situação de força maior e estabelecendo a retomada imediata do cumprimento do acordado, tão logo essa situação deixe de existir. Também é recomendável que se fixe, como obrigação da parte atingida, a imediata notificação da ocorrência do evento de força maior e a tomada das medidas necessárias para a superação dessas circunstâncias impeditivas da execução do contrato. As diversas decisões na jurisprudência arbitral e judicial sobre o tema têm, paulatinamente, criado uma série mais rígida de exigências para que a força maior seja aceita como forma de exonerar as partes atingidas. A inserção dessas disposições na cláusula respectiva tem por finalidade fornecer, justamente, um maior balizamento para a atuação das partes diante de tal circunstância, limitando a discricionariedade dos julgadores.

Já para a *hardship*, ou teoria da imprevisão, existe a tendência de não se inserir tal cláusula para não se enfraquecer a obrigatoriedade, o caráter definitivo das obrigações contratuais avençadas, cabendo à parte atingida invocar, no caso concreto, a existência desse agravamento nas condições de execução das obrigações que lhe competem por força do contrato. Nada impede, contudo, a depender do poder de barganha da parte que preveja a existência de problemas, que ela negocie a inclusão, desde logo, de cláusula que defina uma revisão do contrato em circunstâncias específicas. É comum, por exemplo, em certos contratos prevendo investimento de longo prazo, incluir-se uma cláusula de estabilidade tributária (*tax stability clause*). Também pode ser adotada uma cláusula de atualização do valor do contrato, por exemplo, contendo fórmula de reajuste dos preços contratuais em função de certos insumos ali especificados ou da simples passagem do tempo de modo mais significativo.

Uma brochura, de n° 458, da Câmara de Comércio Internacional de Paris apresenta sugestões de redação para ambas as causas exoneratórias de responsabilidade – força maior e *hardship* –, mas, obviamente, o exame da situação concreta da contratação é que será a maior fonte de inspiração para a mais correta disciplina do tema. Para casos de *hardship*, uma das alternativas é prever, de antemão, a possibilidade de adaptação do contrato caso ocorra o fato superveniente gerador da onerosidade.

Por influência da *common law*, as cláusulas de força maior são bastante abrangentes, detalhadas, conforme referido anteriormente, justamente para que, na ausência de norma legal interna aplicável que defina satisfatoriamente o assunto ou de precisa orientação da jurisprudência, não fiquem as partes submetidas inteiramente à decisão das cortes.

Examinadas as circunstâncias especiais de exoneração da responsabilidade contratual – força maior, caso fortuito e teoria da imprevisão –, passaremos, no próximo capítulo, ao estudo de algumas modalidades específicas de contratos internacionais.

5 | Contratos internacionais em suas várias modalidades – Primeira parte

Sem pretender esgotar os principais contratos comerciais adotados na atuação internacional, preferimos restringir nossa análise, neste livro, aos tipos contratuais constantes do título deste capítulo, de modo a assegurar um conteúdo básico compatível com os limites da obra. Neste capítulo, vamos tratar da compra e venda internacional e dos demais contratos que de alguma forma guardam relação com ela, como os contratos de agência e distribuição, o contrato de lincenciamento de marca e o contrato de franquia.

A compra e venda internacional

A compra e venda internacional é, sem dúvida, o contrato mais frequente no comércio internacional, e o de contornos jurídicos mais tradicionais e básicos, sendo também importante pelo conjunto de outros contratos que viabilizam.

Conceito

A compra e venda é o contrato pelo qual alguém (o vendedor) se obriga a transferir a propriedade de uma ou mais coisas a outrem (o comprador), mediante pagamento em dinheiro, com preço certo ou determinável. Nesta segunda hipótese podem estar, por exemplo, aquelas situações em que o preço é cotado ou estabelecido pelas partes em função das operações realizadas em certo dia em determinada bolsa de mercadorias, tendo o comprador o direito de receber tais mercadorias.

A compra e venda é, por exemplo, aplicável, no comércio internacional, a operações de exportação, em que o exportador acorda com o cliente/comprador a entrega da mercadoria comprada.

Aspectos relevantes a serem considerados na negociação (Castelli, 2011; Belerique e Raposo, 2011):

❏ transferência da propriedade – momento no qual a coisa passa a pertencer ao comprador. No direito brasileiro, seguindo a prática internacional, a propriedade é transferida com a entrega da coisa. Na complexidade do comércio, verificam-se comerciantes, por exemplo, os de *commodities* (açúcar, milho, soja, entre outros produtos), vendendo antes de saber de quem e por que preço irão comprar, até mesmo antes de o produto ter sido colhido. Por esses contratos, o vendedor se obriga a fazer a entrega à época e pelo valor já acordados, não precisando, portanto, ser o proprietário no momento da venda. O que é importante é restar claro, no contrato, o prazo que o vendedor acorda para a entrega dos produtos (e respectiva transferência da propriedade);
❏ transferência de riscos – os riscos que incidem sobre a coisa vendida correm por conta do seu proprietário, até a transferência para o comprador. Assim, até a entrega, eventual deterioração, desaparecimento ou danificação da coisa é de responsabilidade do vendedor, transferindo-se, pois, ao comprador quando ele a houver recebido. Por isso

a importância, por exemplo, das regras de International Commercial Terms (Incoterms), aprovadas e atualizadas periodicamente pela Câmara de Comércio Internacional de Paris, em que são estabelecidos o momento e a condição em que, geralmente depois do ingresso a bordo da mercadoria, estipula-se serem os riscos do comprador e não mais do vendedor. O que é importante é restar claro no contrato de quem é a responsabilidade pelos riscos no percurso até a entrega;
- condições de venda – embora a forma mais simples de proceder à compra e venda seja a transacionada à vista, em que o preço e a coisa são entregues imediatamente, na atual prática do comércio internacional constantemente verifica-se compra e venda mediante certa condição que não esteja ao arbítrio das partes, quer seja suspensiva, isto é, que suspende o negócio até que a condição ocorra, ou resolutiva, que termina o negócio, desobrigando as partes, se a condição não for verificada. Exemplos disso são: a sujeição da efetividade do contrato à obtenção de uma licença de importação pelo comprador (condição suspensiva), sendo que fica suspensa a obrigação de pagar e entregar até que a licença seja concedida; transações sob a condição de que a mercadoria seja testada pelo comprador, confirmando este as características supostamente existentes; compra de vários lotes, condicionada à aceitação do primeiro pelo mercado (condição resolutiva). O que é importante é que fiquem claras no contrato eventuais condições aplicáveis ao negócio. O uso do crédito documentário como forma de pagamento é corrente, para assegurar o recebimento do preço contra a entrega da mercadoria efetivamente contratada;
- preço, forma de pagamento e seguro – elencamos estes aspectos aqui por serem de extrema importância no âmbito de contratos de compra e venda.

Incoterms

Numa tentativa de harmonizar as regras aplicáveis às diversas situações possíveis de venda internacional de mercadorias, a Câmara de Comércio Internacional (CCI) de Paris vem, desde 1936, aprovando e divulgando sucessivas edições das normas designadas International Commercial Terms (Incoterms), em que, enfeixadas sob abreviaturas específicas (FOB, CIF etc.), estão minuciosamente descritas as condições de cada uma dessas modalidades de venda usualmente adotadas.

A adoção dos Incoterms é voluntária, existindo outras regras de finalidade semelhante como as American Foreign Trade Definitions, de 1941. Damos ênfase aos Incoterms pelo grau mais sofisticado de sua redação (periodicamente atualizada) e pela generalização de seu emprego em todo o mundo (Borromeu de Andrade, 2011).

São eles, portanto, um mecanismo facilitador do comércio internacional, por meio da criação de certas regras fundamentais, delimitadoras com precisão da atuação do comprador e do vendedor em cada modalidade de compra e venda descrita no Incoterm respectivo. Convenciona-se que tanto a palavra Incoterm quanto cada uma de suas modalidades sejam escritas normalmente em letras maiúsculas, para facilidade de identificação.

Cada Incoterm tem suas condições próprias, e a regra respectiva detalha minuciosamente as obrigações e direitos do vendedor e do comprador.

Uma referência, no contrato, ao Incoterm escolhido incorpora ao instrumento as regras pertinentes ao tipo indicado. Assim, numa venda designada "FOB/Porto de Paranaguá/Inconterms 2010", já se sabe que todas as condições daquela modalidade FOB descritas nas regras da CCI estão admitidas como cláusulas contratuais, salvo alguma exceção expressamente manifesta no contrato.

Os Incoterms sofreram reedições sucessivas: 1953, 1967, 1976, 1980, 1990, 2000, entrando em vigor a partir de 1º de janeiro de 2010 sua versão mais moderna.

Por motivos didáticos, a doutrina divide os diversos Incoterms em quatro grupos:

- o grupo com um único termo (*E-term*) pelo qual o vendedor simplesmente coloca as mercadorias disponíveis para o comprador em seu próprio estabelecimento (do vendedor) – é a modalidade *ex-works*;
- o grupo em que o vendedor é chamado a entregar as mercadorias ao transportador indicado pelo comprador (os *F-terms*) – FCA (*free carrier*), FAS (*free alongside ship*) e FOB (*free on board*);
- os *C-terms*, em que o vendedor tem de contratar o transporte em nome do comprador, mas sem assumir o risco de perdas ou danos às mercadorias ou quaisquer custos adicionais devido a eventos ocorridos depois do embarque e despacho – CFR (*cost and freight*), CIF (*cost, insurance and freight*), CPT (*carriage paid to*) e CIP (*carriage and insurance paid to*);
- finalmente, os *D-terms*, pelos quais o vendedor tem de suportar todos os custos e riscos necessários para trazer as mercadorias até o local de destino.

O propósito dos Incoterms, como esclarece Ramberg no Manual dos Incoterms (2010), e conforme visto, é refletir a prática comercial contemporânea e oferecer às partes a escolha entre:

- a obrigação mínima do vendedor, de apenas tornar as mercadorias disponíveis ao comprador em dependência do vendedor (EXW);
- a obrigação mais abrangente do vendedor, de entregar as mercadorias para transporte, seja ao transportador nomeado pelo comprador (FCA, FAS, FOB), seja ao transportador escolhido

e pago pelo vendedor (CFR, CPT), ou ainda juntamente com o seguro contra os riscos em trânsito (CIF, CIP);
- a obrigação máxima do vendedor, de entregar as mercadorias no destino.

A prática comercial e o tipo de mercadoria, esclarece ainda Ramberg (2010), determinarão que tipo de Incoterm escolher, caso:

- o vendedor deseje evitar assumir obrigações adicionais;
- o vendedor esteja preparado para fazer mais do que tornar as mercadorias disponíveis ao comprador no estabelecimento do vendedor;
- a posição de barganha do comprador permita a ele solicitar ao vendedor que assuma maiores obrigações;
- o vendedor possa assumir mais obrigações e, em particular, oferecer cotação para um preço mais competitivo se aumentar suas obrigações;
- seja necessário utilizar os termos marítimos FAS, FOB, CFR ou CIF quando as mercadorias tiverem de ser revendidas pelo comprador antes de alcançar seu destino.

A versão mais recente dos Incoterms (2010) apresenta algumas modificações em relação à edição anterior. Veja, leitor, o número de Incoterms foi reduzido de 13 para 11 termos:

- os termos DAF (*delivered at frontier*), DES (*delivered ex-ship*), DEQ (*delivered ex-quay*) e DDU (*delivered duty unpaid*) foram eliminados;
- os termos DAT (*delivered at terminal*) e DAP (*delivered at place*) foram introduzidos;
- os Incoterms 2010 podem ser utilizados também para as transações domésticas ou "intrablocos" regionais de comércio;
- foram criadas regras quanto à determinação da responsabilidade acerca de custos incidentes sobre a cadeia de custódia e segurança da carga;

- foram ampliados os preâmbulos de cada termo, com notas explicativas (*guidance notes*), de modo a informar os usuários de maneira mais completa sobre o termo pretendido;
- os novos Incoterms 2010 DAT e DAP tornaram seus antecessores DES e DEQ supérfluos. Podem ser utilizados em qualquer modalidade de transporte e, como o termo DAP define o veículo e o local de entrega, o termo DES também não precisa mais existir. Como na versão anterior (Incoterms 2000, vigente até o fim de 2010), a obrigação de entrega prevê o exportador ou vendedor arcando com todos os custos e riscos até o local de importação, exceto o despacho aduaneiro de importação. Assim, o termo DDU também passou a ser desnecessário, devendo ser utilizados os termos DAT ou DAP, dependendo do caso;
- os Incoterms possuem uma diferenciação bastante clara entre os termos utilizados para os diversos meios de transporte e aqueles utilizados apenas no transporte marítimo.

Analisando as características dos diversos Incoterms, podemos classificá-los de acordo com os meios de transporte em que podem ser utilizados:

- Incoterms que podem ser utilizados em qualquer meio de transporte: EXW (*ex-works*), FCA (*free carrier*), CPT (*carriage paid to*), CIP (*carriage and insurance paid to*), DAT (*delivered at terminal*), DAP (*delivered at place*), DDP (*delivered duty paid*);
- *Incoterms* para uso exclusivo em meios de transporte marítimo ou águas internas: FAS (*free alongside ship*), FOB (*free on board*), CFR (*cost and freight*), CIF (*cost, insurance and freight*).

É importante destacar que essa nova revisão (de 2010) tem por objetivo fazer uma adequação dos Incoterms 2000 às práticas atuais de comércio. Uma das adequações mais interessantes ocorreu nos termos exclusivamente utilizados em modais marítimos, restando fixada a obrigação do vendedor da entrega da mercadoria "a bordo do navio" nos termos FOB, CFR e CIF, encerrando a antiga disputa sobre a responsabilidade antes ou após a linha perpendicular imaginária (amurada do navio) que existia no termo FOB.

Para que os citados Incoterms 2010 passem a valer como lei do contrato, é necessário que sejam nele incorporados. Bastam referências simples, tais como "CFR. Hamburg Port, Germany, Incoterms 2010" ou "FCA Rod. Anhanguera, km 86, Valinhos/SP/Brasil, Incoterms 2010".

Como referimos, para a escolha do Incoterm adequado a uma operação, deve ser observada a negociação comercial de compra e venda, o meio de transporte e demais serviços logísticos, as obrigações e responsabilidades que as partes pretendam assumir e sua incorporação no preço final do produto. Também deve ser levada em consideração a competitividade para contratação de transporte e seguro. De modo geral, empresas que têm maior economia de escala em suas operações, assim como competência na gestão da logística internacional, optam por acordar, nas suas compras, os Incoterms de partida, como EXW ou FCA *plant* (fábrica).

No Brasil, o texto oficial em inglês dos Incoterms pode ser obtido no Comitê Brasileiro da Câmara de Comércio Internacional (no Rio de Janeiro, no prédio da Confederação Nacional do Comércio). Para que sejam evitados problemas, recomendamos que se verifique a versão efetivamente em vigor dos Incoterms à época da assinatura do contrato e a leitura atenta dessas regras.

Algumas regras adotadas na solução de conflitos oriundos de contratos de compra e venda internacional

Apresentamos, a seguir, algumas regras derivadas da *common law*, das convenções internacionais ou dos princípios internacionais geralmente aceitos com relação à compra e venda internacional, regras essas que são frequentemente adotadas em causas judiciais e arbitrais internacionais (Goode, 1995:76).

1. Na ocorrência de um inadimplemento significativo pela parte (*fundamental breach*), algumas das alternativas cabíveis à parte inocente são: o direito do comprador de solicitar a substituição das mercadorias que não estejam conformes com as condições contratadas; o direito de uma parte de rescindir o contrato pelo inadimplemento da outra (*non-performance*); e o direito do comprador de rescindir o contrato em razão da entrega parcial das mercadorias.

2. O comprador perde o direito de rejeitar a mercadoria por desconformidade com o contrato se não notificar o vendedor, especificando a desconformidade detectada, num prazo razoável dentro do qual descobriu, ou deveria descobrir, que tal existia. Um prazo de dois anos é fixado pelo art. 39 (2) da Convenção de Viena, mas o tema deve ser analisado em cada caso, em função das regras aplicáveis ao contrato específico. Tal norma deve ser igualmente lida em conjugação com o disposto no art. 38 (1) da convenção, que exige do comprador que examine a mercadoria, ou veja que seja examinada, em curto prazo, conforme seja possível nas circunstâncias.

3. Se o comprador não mais dispõe ou perdeu o direito de rejeitar a mercadoria, pode reclamar uma redução de preço ou perdas e danos (*damages*). Essa medida pode ser exercida seja pela retenção de valor a ser deduzido, se tal for ainda possível, ou pela recuperação do mesmo, se o preço já tiver sido pago, e, em ambas as situações, mediante cálculo que ajuste o preço originalmente acordado com o efetivo valor da mercadoria no momento da entrega. Em todas essas hipóteses de contestação da carga, conforme referido, cumpre atentar para o dever do comprador de imediata notificação

ao vendedor da desconformidade detectada. Os prazos, em função das regras legais ou costumeiras aplicáveis, podem ser bastante exíguos.
4. Existe um direito do vendedor de corrigir sua falha. É o chamado *seller's right to cure*. Ele pode corrigir uma entrega incorreta ou incompleta da mercadoria ou de documentos até a data da entrega contratualmente fixada, e mesmo depois dela, se puder fazê-lo dentro de um prazo razoável e sem causar inconveniência irrazoável ou incerteza de reembolso pelo vendedor de despesas adiantadas pelo comprador. No entanto, o *right to cure* se considera perdido uma vez tenha o comprador exercido seu direito de rescindir o contrato, conforme os arts. 48(1) e 49 da Convenção de Viena.
5. Uma parte pode suspender a execução de suas obrigações contratuais se, depois de firmado o instrumento contratual, se torna aparente que a outra parte não executará uma parte substancial de suas obrigações como resultado de: séria deficiência em sua capacidade de execução ou em seu crédito, ou então por sua conduta ao se preparar para executar ou ao executar o contrato propriamente dito. Trata-se do que a *common law* caracteriza como *anticipatory breach*.
6. Embora a Convenção de Viena preveja o preço vigente como regra para definir o valor da indenização (*current-price rule for assessing damages*), não perfilha a rigidez da regra da *common law* britânica, que exige o preço de mercado (*market price rule*). Em princípio, a parte inocente que tenha de se socorrer de outra operação de compra e venda (*substitute transaction*) para substituir a que não se concretizou (*defaulted transaction*) deverá registrar como seu prejuízo a diferença entre o preço do contrato anterior e o preço do novo contrato celebrado para substituí-lo. Esse princípio acaba sendo adotado em muitas das regras incluídas nos contratos da área de *commodities* e nas decisões proferidas pelas diversas cortes arbitrais das instituições desse setor da economia.

Contratos ligados à compra e venda internacional: crédito documentário, câmbio, transporte, seguro

Como referimos, existem diversos contratos ligados à compra e venda internacional que procuram viabilizá-la. Discorremos a seguir sobre alguns deles.

Crédito documentário

O crédito documentário (ou documentado) é uma das formas de pagamento admitidas no comércio internacional, ao lado das simples remessas bancárias, saques de títulos (cambiais) e outras.

De modo a resolver o importante dilema de comprador e vendedor em uma operação internacional, evitando que o pagamento seja realizado quando a mercadoria ainda não foi entregue ou, então, impedindo que se entregue a mercadoria sem que exista pagamento, surgiu a prática comercial internacional do *crédito documentário*. Neste, um terceiro (o banqueiro) recebe instruções do comprador (seu cliente) para pagar o preço ao vendedor quando receber dele ou de seu representante certos documentos especificamente relacionados, relativos à mercadoria vendida.

Em geral, exige-se a apresentação ao banqueiro, pelo vendedor, do documento comprobatório do embarque da carga, no caso de transporte marítimo, o conhecimento de embarque, ou *bill of lading* (B/L), além de outros documentos, como a fatura comercial, o certificado de origem da mercadoria, o certificado de inspeção da carga, comprovante de seguro etc. (Borromeu de Andrade, 2006, 2011).

Esse tipo de contrato, para o qual encontramos normas reguladoras na brochura nº 600 da Câmara de Comércio Internacional de Paris, celebrado entre o banco e seu cliente (comprador), e que leva à emissão pelo banco de uma carta de crédito em favor do vendedor da mercadoria, está submetido a dois princípios fundamentais:

- o *princípio da autonomia do crédito*, segundo o qual, para facilitar o imediatismo da liquidação financeira, a carta de crédito emitida pelo banco para pagamento do vendedor é um documento autônomo da operação comercial subjacente, pois, uma vez apresentados os documentos exigidos, só em situações bastante sérias, como a fraude, é que o pagamento não poderá ser honrado;
- o *princípio da execução estrita* (strict performance), pelo qual o banco, como mandatário do comprador e, portanto, responsável pelos atos que praticar fora do mandato e instruções que lhe foram dadas e sem a devida diligência, deve seguir rigidamente as instruções recebidas, exigindo a conformidade dos documentos apresentados com as instruções contidas na carta de crédito.

O contrato de câmbio

Como o pagamento do preço da mercadoria adquirida para exportação ou importação é, em geral, efetuado em moeda estrangeira, é necessária a aquisição, pelo comprador, de certa quantidade de moeda estrangeira, usualmente o dólar americano, para cumprir sua obrigação de pagar o preço. O contrato de câmbio firmado entre o comprador e a instituição financeira que tem disponível a moeda para pagamento é o instrumento que irá viabilizar a obtenção desse dinheiro (Borromeu de Andrade, 2011).

O regime cambial adotado nos países em causa deve ser objeto de detida avaliação, de modo que se possa prever com tranquilidade que controles existem, quando a moeda de pagamento estará disponível, bem como todos os demais detalhes práticos que permitam o planejamento do fluxo esperado de recursos.

No caso brasileiro, o Banco Central do Brasil atua como órgão de fiscalização do sistema cambial, controlando a entrada e a saída de divisas e administrando as reservas cambiais do país. Suas normas específicas deverão ser, portanto, consideradas.

O contrato de transporte

O transporte de mercadorias é, em geral, regulado por meio de contratos especiais de transporte marítimo, ferroviário, lacustre, aéreo ou rodoviário, com cláusulas típicas em função do meio de transporte utilizado. O transporte marítimo ainda é dos mais expressivos, e seus contratos preveem a contratação, perante o armador, de parte do espaço a bordo ou de toda uma embarcação.

O transporte combinado de mercadorias envolvendo mais de um modal, chamado de "transporte multimodal", é outra modalidade, o que só vem enfatizar o caráter vasto e complexo dessa área de atuação, em que os acordos internacionais e a lei interna dos países, as praxes e os formulários contratuais usualmente adotados figuram como fontes delimitadoras dos direitos e obrigações das diversas partes envolvidas: comprador, vendedor, transportador, agente transitário etc. (Borromeu de Andrade, 2011).

No que diz respeito ao transporte principal da carga propriamente dito, a responsabilidade do transportador é fundamental, daí por que, ao receber a carga, ele emite um conhecimento de embarque (*bill of lading*), no qual, nas condições dessa carga, são descritas e apontadas eventuais avarias aparentes. Apenas a inspeção, no pré-embarque ou no destino, por entidade certificadora independente, poderá dar às partes a necessária confiança.

Questões como a devida atenção à embalagem e acomodação da carga em função da sua especificidade, cuidados com as mercadorias durante a viagem, como ventilação, nível de refrigeração padronizado, deslocamento – com avaria – ou inundação a bordo em razão de mau tempo, entre outras, são temas das controvérsias mais comuns nessa área. A consulta aos documentos de embarque, aos registros de bordo e demais documentos relativos à carga é providência utilizada no que diz respeito à prova dos fatos alegados (Borromeu de Andrade, 2006).

O contrato de seguro

A contratação de cobertura securitária é fundamental para as partes envolvidas no contrato de compra e venda internacional. A seguradora, mediante o pagamento de um prêmio acordado, compromete-se a pagar uma indenização no caso de sinistro que afete a carga transportada.

Dessa forma, comprador e vendedor deixam de sofrer os efeitos danosos que possam advir em decorrência de avaria (parcial ou total) que afete a carga ou resulte no seu extravio.

A seguradora, uma vez paga a indenização pelo sinistro ocorrido, tradicionalmente se sub-roga nos direitos do proprietário da carga, podendo exigir indenização de quem tenha infligido dano, que é, habitualmente, o transportador.

A harmonização entre os diferentes contratos ligados à compra e venda internacional

Uma recomendação fundamental com relação aos contratos ligados à compra e venda é que deverão ser harmonicamente inter-relacionados, para que se evitem quaisquer controvérsias decorrentes de discrepâncias nas instruções e condições contidas nos diferentes instrumentos contratuais (Borromeu de

Andrade, 2006). A prática usualmente adotada nas empresas que se dedicam ao comércio exterior, de especializar a atuação por meio de um setor comercial, um setor financeiro, um setor de transportes, não deve levar a uma independência total de tratativas e ajustes que desconsidere essa preocupação básica de harmonização dos termos inseridos nos diferentes contratos.

No entanto, a existência de cláusula de solução de conflitos, usualmente a arbitragem, pode contribuir para tornar mais ágil a composição de eventuais conflitos.

Contrato de agência e outros contratos afins

Existe outra série de contratos, também ligados à compra e venda, que buscam aumentar a escala na realização das operações. Vamos vê-los a seguir.

Conceito de agência

Como refere Castelli (2011), o contrato de agência remonta à época antiga pela dificuldade de os comerciantes atuarem diretamente em países estrangeiros para dar atendimento aos seus propósitos. Trata-se de um contrato de prestação de serviços pelo qual o agente (ou representante) atua representando os interesses comerciais do representado ou preponente, apresentando seus produtos e intermediando a venda na sua região de competência. Trata-se de profissional autônomo, não estando o agente subordinado ao preponente (representado).

O instituto da agência tinha similar no direito brasileiro com a denominação "representação comercial autônoma", figura jurídica legalmente criada por lei específica em 1965, gerada como uma alternativa ao uso indiscriminado, pelos comerciantes, de vendedores avulsos (pessoas físicas) sem que eles gozassem das garantias do vínculo trabalhista. No Brasil, portanto, em sua origem, a agência surgiu como representação comercial autônoma, regida pela Lei nº 4.886, de 9 de dezembro de 1965, alterada pelas leis nº 8.420/1992 e nº 12.246/2010.

Com o contrato dessa "representação comercial" e o registro dos representantes em órgãos regionais, como profissionais autônomos, foi conferida uma estrutura de maior segurança a esses profissionais, que passaram a desfrutar de uma série de garantias legalmente asseguradas, inclusive o direito à indenização, quando da rescisão do contrato.

O Código Civil brasileiro vigente, que entrou em vigor a partir de janeiro de 2003, veio incluir no seu texto normas expressas, de caráter genérico, sobre os contratos de "agência e distribuição" (arts. 710 e segs.). Assim, segundo o art. 710:

> Pelo contrato de agência, uma pessoa assume, em caráter não eventual e sem vínculos de dependência, a obrigação de promover, à conta de outra, mediante retribuição, a realização de certos negócios, em zona determinada, caracterizando-se a distribuição quando o agente tiver à sua disposição a coisa a ser negociada.

Entendemos que os dois regimes – "agência" e "representação comercial autônoma" –, desde 2003, passaram a conviver, sendo o instituto da agência mais genérico e o da representação comercial autônoma uma figura específica, garantindo aos representantes devidamente registrados em seus órgãos de classe a proteção da sua legislação especial.

Tem, portanto, a agência, como objeto, o desenvolvimento de atividades consistentes em regulares visitas e contatos com a clientela, com a intenção de conseguir negócios para o representado. Tendo o agente o mero exercício da atividade de intermediação, não possui a propriedade ou a posse dos produtos, que, concluída a venda, passarão diretamente do representado para o cliente. Em contraprestação, o agente recebe o pagamento de uma comissão pelas vendas intermediadas.

O contrato de agência é regulado de maneira diferente pelos diversos países, principalmente nos aspectos relacionados à relação entre representante e representado, inclusive seus direitos e obrigações, vigorando ainda a ausência de normatividade internacional sobre o tema. Aplicável no comércio internacional, pode ser observado em casos de exportação direta, em que o fabricante ou comerciante acorda levar seus produtos a outro país por meio desse intermediário, o agente.

Aspectos relevantes dos contratos de agência

Conforme enumera Castelli (2011), cumpre considerar os seguintes aspectos principais nos contratos de agência:

❏ *direitos e obrigações* – de extrema importância é a definição dos direitos e obrigações das partes. Inclui-se qual a extensão dos poderes que deve ter o representante, isto é, ações que poderá praticar e responsabilidades que poderá assumir em nome do representado. Um exemplo é a possível capacidade do representante de concluir negócios e assinar contratos em nome do representado, o que não se recomenda, pelas implicações jurídicas que esses atos podem ter, inclusive quanto a uma potencial configuração de um "estabelecimento permanente", obrigando o representado em termos tributários no país em que se realizem as vendas. Convém, ainda, estabelecer as atividades diárias que se espera do representante, como pesquisar mercado, reportar informações, abrir a lista dos clientes, promover vendas, bem como definir em que medida o representado deverá igualmente atuar enviando material de divulgação do produto e informações de valores necessárias para venda. Essas estipulações evitam discussões futuras e desgaste no relacionamento das partes;

- *prazo de duração* – embora o contrato possa ser de prazo indeterminado, recomenda-se a fixação de prazo, por tornar mais certa a extensão do contrato no tempo, principalmente quanto à eventual obrigação de indenização em razão da rescisão ou término do contrato, como veremos;
- *território* – normalmente a atividade do agente se desenvolve em uma zona determinada, sendo esta elemento essencial da relação contratual;
- *exclusividade* – somada à questão do território está a exclusividade. No caso de fixar se, em determinado território, o representado poderá indicar outros representantes (agentes) ou se haverá exclusividade de atuação. Questionamento se coloca quando, eventualmente, outros agentes do representado cruzam fronteira e interferem na zona exclusiva daquele representante, efetuando aí, por sua vez, suas vendas. Como a obrigação assumida é entre representante e representado, é válida entre as partes, não envolvendo, em tese, esses terceiros. De igual sorte, é importante definir se o representante (agente) irá atuar exclusivamente para o representado, ou seja, se poderá intermediar a venda para outros comerciantes ou não, principalmente no que se refere a produtos concorrentes.
- *término antecipado e indenização* – o término antecipado do contrato pelo representado pode gerar efeitos indenizatórios, com base na expectativa que o representante tinha das vendas futuras. A possibilidade e a regulamentação da indenização dependerão da legislação do país.
- *uso da marca e confidencialidade* – considerando que o representante irá receber informações relevantes de cunho comercial, incluindo eventuais projeções financeiras, abertura de custos, e é de extrema importância que se obrigue a cumprir com o dever de manter confidenciais tais informações e materiais. Outrossim, como poderá divulgar materiais

de marketing, ter a marca do representado no seu cartão, é importante deixar claro no contrato as condições e modos em que poderá utilizar a marca do representado.

Controvérsias mais comuns envolvendo contratos de agência

Como identifica Borromeu de Andrade (2011), embora o contrato de agência, na maioria dos casos, não tenha grande expressão financeira, pois, na verdade, o valor do contrato em questão é quase sempre o montante correspondente à comissão do agente, ou seja, um percentual das vendas angariadas, os litígios envolvendo agentes e representados são em número bastante significativo. Algumas das principais fontes de controvérsias, identificadas por Borromeu de Andrade (2011), são:

❑ conflitos decorrentes da inidoneidade do agente ou de sua atuação indevida, sabotando a colocação dos produtos do representado em favor de concorrentes;
❑ questões relacionadas à cobrança, pelos agentes, de comissões relativas a contratos não angariados por eles, mas firmados dentro do prazo de vigência do contrato de agência no território previsto contratualmente como de sua exclusividade, área que ele "desbravou" inicialmente;
❑ cobrança de reembolsos de despesas incorridas pelo agente em prol do contrato de agência que o representado não reconhece dever, porque o contrato previa cláusula de pagamento apenas de comissões relativas a recebimentos efetivos do preço de contratos firmados. Nesse caso, notar que a legislação aplicável pode proteger o agente, considerando leonina e ilegal a cláusula contratual que lhe negue o direito a ser reembolsado por despesas autorizadas e razoáveis, efetivamente realizadas, em favor do angariamento de propostas, mesmo

que não seja bem-sucedida essa tentativa de fechamento de negócios;
❑ rescisão antecipada e indevida de contrato pelo representado, sem considerar o pagamento da indenização prevista, por já ter estabelecido relação direta com os clientes e não precisar mais da atuação do intermediário.

Contrato de distribuição

O contrato de distribuição comercial, apesar de ter vários aspectos em comum com os de agência e de representação comercial, deles difere, possuindo características próprias.

Trata-se de contrato de prestação de serviços pelo qual o distribuidor adquire os direitos para vender o produto do fabricante ou comerciante na sua região de competência. Igualmente trata-se de profissional autônomo, não subordinado ao fabricante.

Tem, portanto, como objeto a compra pelo distribuidor dos produtos de um fabricante para revenda aos clientes que esse distribuidor obtiver na região. Por conseguinte, ocorre o desenvolvimento de atividades de prospecção de clientes pelo próprio distribuidor e em seu proveito, para angariar a clientela que irá comprar dele os produtos. Exercendo a atividade de revenda, o distribuidor detém a propriedade ou a posse dos produtos que, concluída a revenda, passará para os clientes. Fica, portanto, a cargo do distribuidor o ônus de eventual estoque realizado caso, por exemplo, não consiga efetuar a revenda. Em contraprestação, recebe um percentual da venda, ou seja, a diferença entre o valor da compra e o da revenda dos produtos. Esses são aspectos essenciais que diferenciam a distribuição do agenciamento.

No Brasil, a distribuição é regulada pelo Código Civil de 2002, arts. 710 a 721, no mesmo capítulo que trata da agência, instituto afim.

Aplicável, no comércio internacional, a distribuição pode ser observada em casos de exportação direta, em que o fabricante ou comerciante acorda levar seus produtos a outro país, por meio da revenda através do distribuidor.

Quanto aos aspectos relevantes do contrato, o mesmo conjunto de disposições previstas no agenciamento aplica-se à distribuição. Especial atenção deve ser dispensada às cláusulas que regulam a atuação do distribuidor, principalmente quanto ao uso da propriedade intelectual, em especial a marca, ou no que diz respeito à publicidade dos produtos, à confidencialidade das informações, à exclusividade e concorrência quanto à possibilidade ou não de distribuir produtos de outros fabricantes ou comerciantes no mesmo território.

No tema exclusividade, discute-se igualmente a questão de terceiros, distribuidores em outros territórios, cruzarem fronteiras para vender no território exclusivo de outro distribuidor. A essa questão dá-se o nome de "importação paralela", de difícil regulamentação e proibição.

Licenciamento de marca

É um contrato por meio do qual o titular (o licenciante) do bem de propriedade intelectual (a marca) confere direitos de uso a quem pretende utilizá-lo (o licenciado).

A marca, por definição, é o sinal distintivo aposto aos produtos e artigos da indústria para identificá-los e diferenciá-los de outros idênticos ou semelhantes. Sua propriedade depende de um ato do Estado – no Brasil conferido pelo Instituto Nacional da Propriedade Industrial (Inpi) –, denominado registro, em cada país onde dela seu proprietário pretende exercer seus direitos. Daí a necessidade de o titular da marca proceder ao registro nos países em que pretende utilizá-la ou licenciá-la para terceiros.

Dependendo da legislação, o contrato de licença para uso de marca deve ser registrado no órgão local que concedeu o registro da marca – em alguns casos por exigência do Banco Central local, para viabilizar o pagamento a ser remetido ao licenciante, se no exterior (até há alguns anos o Brasil apresentava tal exigência) e para que o pagamento possa ser dedutível no imposto de renda.

O licenciamento de marca é normalmente realizado por empresas que possuem marcas bastante conhecidas, de modo que terceiros se interessam em poder utilizá-las por meio de licenciamento.

Cada país regula a marca de forma independente. Porém, há dois tratados principais que procuram dar certa uniformidade a seu tratamento: A Convenção de Paris e o Trade Related Aspects of Intellectual Property Righs (TRIPS), existente no âmbito da Organização Mundial do Comércio (OMC). No Brasil, vigora a Lei nº 9.279/1996.

São aspectos relevantes do contrato de licenciamento:

❑ *objeto* – o objeto do contrato, ou seja, o uso da marca deve vir pormenorizadamente detalhado. Deve ficar claro para o licenciado em quais meios e de qual forma poderá ele utilizar a marca para identificar os produtos e proceder à publicidade dos mesmos;
❑ *território* – devem as partes acordar qual o território, ou seja, país em que o licenciado poderá utilizar a marca, e somente neste poderá ele lançar, vender e fazer a publicidade dos produtos identificados pela marca;
❑ *prazo* – corresponde ao período pelo qual poderá o licenciado utilizar a marca. Vale ressaltar que o prazo da licença deve estar em concordância com o prazo do registro que confere a propriedade do bem ao licenciante. Observa-se que o registro da marca é conferido por um prazo determinado, que varia de país para país, sendo no Brasil de 10 anos, renováveis por períodos iguais e sucessivos;

- *pagamento* – o pagamento pelo direito de uso de uma propriedade intelectual, no caso da marca, é denominado *royalty*, sendo fixado pelas partes;
- *indenização* – o uso da marca de maneira indevida pode representar, para o licenciado, um ônus, materializado no dever de indenizar o licenciante pelos prejuízos sofridos, podendo o valor vir ou não estipulado no contrato. Lembremos que a marca é um ativo valioso das empresas, devendo ser preservado pelo seu proprietário;
- *lei aplicável e tribunal competente* – por se tratar de um direito em que o reconhecimento da propriedade depende da existência de uma lei e de um ato constitutivo do registro emanado por uma autoridade local, verifica-se que a única lei que pode incidir para dirimir questões advindas do contrato é a lei do país onde se procedeu ao registro – base, inclusive, para a licença de uso. Também será esse o país no qual os tribunais locais poderão dirimir conflitos advindos do contrato em litígio. Assim, uma empresa brasileira, além de ter sua marca registrada no Brasil, procedeu ao registro nos Estados Unidos, onde há uma empresa interessada em utilizá-la. Com base nesse registro norte-americano, procede ao licenciamento de marca para uso nos Estados Unidos. Em caso de conflito, a lei e o tribunal norte-americanos serão competentes.

Franquia

Sua criação adveio das necessidades do comércio interno e internacional, como forma de satisfazer as peculiaridades de certas atividades, viabilizando desenvolvimento rápido e redução de riscos.

A franquia é uma licença do proprietário de uma marca de comércio (nome comercial), detentor de um *know-how* próprio para fazer o negócio, permitindo a um terceiro o direito de vender produto ou serviço com seu *know-how*, infraestrutura e o mesmo nome ou marca.

Depende, em termos práticos, de uma criteriosa preparação, com análise dos mercados em que se pretende comercializar e dos aspectos financeiros, dependendo seu sucesso da capacidade operacional e estratégias de mercado. Cria-se uma relação de colaboração econômica entre empresas independentes, em que o franqueador dispõe da técnica, e o franqueado, dos meios materiais para operar o negócio.

Alguns cuidados importantes: na escolha do franqueado, no reconhecimento apurado quanto às necessidades de investimento, na identificação das diferenças socioculturais e de estilo de vida do franqueado escolhido (em relação ao franqueador) e na correta estimativa do tempo para a concretização do negócio.

Por envolver bens de propriedade intelectual, como a marca e o *know-how*, além de serviços técnicos especializados, é requerido, no Brasil, que o contrato de franquia seja averbado no órgão competente local, no caso, o Inpi.

Em boa parte dos países inexiste legislação regulamentadora desse instituto, sendo utilizados, em muitos casos, os parâmetros da lei norte-americana de 1979 (Full Disclosure Act). No Brasil, aplica-se a Lei nº 8.955/1994.

São aspectos relevantes do contrato de franquia:

❏ *contrato preliminar* – no Brasil, como nos Estados Unidos, exige-se um contrato preliminar denominado "circular de oferta de franquia" (COF), preparado pelo franqueador e entregue ao franqueado, contendo as informações mais importantes sobre o sistema de franquia, inclusive a minuta do contrato definitivo, que o segue e é acordado e negociado entre as partes;

❏ *características do franqueado* – o perfil ideal de franqueado é exposto na circular de oferta de franquia, sendo tais caracte-

rísticas importantes para manutenção do contrato (contrato celebrado em função da pessoa, principalmente para administração);
- *objeto* – deve conter a cessão temporária e onerosa de um conjunto de direitos, tais como marca, nome comercial, *know-how* técnico, comercial, operacional e também de serviços, ou seja, assistência técnica e mercadológica, de propriedade do franqueador para o franqueado, obrigando-se este à comercialização dos produtos ou serviços segundo um sistema próprio de rede de marketing e distribuição. Quanto mais detalhado for o objeto, contendo informações e conhecimentos necessários para que o franqueado possa operar, melhor para o cumprimento da franquia;
- *deveres do franqueado* – estabelecer não concorrência, exclusividade vinculada ao território (normalmente recíproca), confidencialidade, respeito à identidade e reputação da cadeia de franquia bem como aos métodos a serem utilizados; estabelecer que o franqueado deve admitir controle e fiscalização por parte do franqueador, assinalar modificação de estrutura, realizar publicidade conforme, manter bom estoque e pagar o preço devido;
- *território/exclusividade/não concorrência/confidencialidade* – destacam-se pela importância de tais cláusulas nesse contrato, embora já mencionados;
- *prazo/rescisão* – o contrato pode ser celebrado por prazo determinado ou indeterminado. Neste último caso, se a rescisão vier do franqueador, deve observar em um pré-aviso (prazo) em razão dos investimentos efetuados pelo franqueado. Caso não se observe algum pré-aviso estabelecido, fica o franqueador sujeito ao pagamento de indenização por perdas e danos;
- *remuneração* – devem estar definidos o pagamento de um valor fixo inicial, o pagamento de um percentual sobre a receita líquida do franqueado e a possibilidade de eventuais

pagamentos a títulos diversos (exemplo, taxa em razão de publicidade institucional).

Neste capítulo, apresentamos observações sobre a compra e venda internacional e demais contratos ligados à comercialização de mercadorias – agência, distribuição, licenciamento de marca e franquia.

No próximo capítulo, vamos tratar de alguns outros contratos escolhidos como pertinentes para essa nossa visão panorâmica da matéria, concluindo a presente seleção dos principais tipos de contratos comerciais internacionais.

6 | Contratos internacionais em suas várias modalidades – Segunda parte

Para concluir essa apreciação de alguns dos principais tipos contratuais, no presente capítulo iremos discorrer brevemente sobre os contratos de prestação de serviços, os acordos de associação, ou *joint ventures*, e os mútuos e garantias.

Prestação de serviços

O contrato de prestação de serviços, depois da compra e venda, é talvez um dos contratos mais usuais no comércio exterior, na medida em que por meio dele se viabilizam assessoramentos e atuações tão importantes como ela, por exemplo:

- o aconselhamento técnico em questões de interesse da parte do cliente;
- a prestação de serviços de advocacia/auditoria/contabilidade e outros, em matérias de natureza internacional;
- a prestação de serviços técnicos em situações diferenciadas de consultoria, como o auxílio na elaboração de estudos de penetração de mercados, análises de viabilidade técnica ou

econômica de projetos, elaboração de projetos de engenharia e até mesmo sua própria execução – nesse caso, um tipo de contratação de complexidade redacional e variedade bem mais elevadas.

Pelo prisma econômico, o contrato de prestação de serviços pode vir a envolver alguma transferência de *know-how* ou tecnologia detida por uma parte (contratada) para a outra (cliente) (Schmitthoff, 1990).

Do ponto de vista financeiro, para fazer face aos investimentos necessários à implementação de certos projetos, poderá estar presente algum organismo ou instituição financiadora, ou um *pool* ou consórcio financiador, que poderá apresentar exigências redacionais para a regulação contratual pertinente. Em certos projetos, como os de engenharia, pode ser que a entidade financiadora até mesmo tenha suas próprias minutas de contrato a serem adotadas.

Cláusulas típicas da prestação de serviços

São cláusulas típicas de um contrato de prestação de serviços em sua feição mais simples:

❑ *partes* – cliente e contratada;
❑ *objeto* – descrição das atividades a serem desenvolvidas pela prestadora de serviços, em certos casos com detalhamento mais específico do cronograma, bem como da natureza e especificações dos trabalhos a serem realizados;
❑ *prazo* – estipulação da duração do contrato, e previsão ou não de sua possível prorrogação, segundo condições explicitadas;
❑ *preço* – forma de remuneração pelos trabalhos, que pode ser um valor fixo global (*lump sum*) ou pagamento em prestações, conforme cronograma de realização dos serviços ou mesmo por hora trabalhada (*hourly rate fees*). Em certos

casos excepcionais, como ocorre na contratação de certos serviços advocatícios, também é possível que se contrate honorários de sucesso (*success fee*), com a totalidade ou parte do pagamento ao prestador de serviços condicionado a algum resultado positivo específico – a vitória em um processo judicial ou a obtenção de um resultado positivo num processo licitatório, por exemplo;

❑ *custo dos tributos incidentes* – a referência a que o preço inclui os tributos incidentes sobre a prestação de serviços objeto do contrato, no local da prestação dos serviços e nos países de domicílio das partes, ou outra forma de descrição de como será absorvido esse custo, ditada pela natureza dos serviços contratados ou sua forma de prestação;

❑ *obrigações da contratada*, normalmente incluídas entre os dispositivos contratuais – atuação diligente e conforme os termos do contrato ou certas regras específicas aplicáveis à natureza do serviço, atendimento ao prazo, cumprimento das especificações e exigências de qualidade dos serviços, condicionado o pagamento ao seu cumprimento e a outras condições contratuais específicas; apresentação periódica de relatórios de execução do cronograma contratual, para fins de controle da execução do escopo e pagamento respectivo; cumprimento das regras atinentes ao seu ramo de atividade;

❑ *obrigações da cliente* – pagamento do preço, prestação das informações e colaboração necessárias à execução dos serviços;

❑ *cláusula de força maior ou caso fortuito* – possibilidade de a parte atingida pleitear a suspensão da execução dos serviços enquanto perdurar tal circunstância externa, imprevisível e irresistível que impeça a execução do contrato; dever de informar sua ocorrência; dever de retomar a execução uma vez encerrado o evento de força maior; possibilidade de rescisão contratual;

- *rescisão antecipada* – pela prestadora de serviços se não for paga; pela cliente, se a execução estiver sendo realizada de forma materialmente incompleta, em desacordo com o contrato ou de maneira ineficiente ou sem atendimento aos prazos e condições acordados, após notificação para remediar a execução faltosa dos serviços ou, ainda, se houver insolvência de alguma das partes;
- outras cláusulas técnicas ou financeiras – específicas do tipo de serviço, inclusive no que respeita a questões como aditamentos contratuais, solicitação e pagamento de serviços adicionais (*change orders*) e outros temas;
- *forma de solução de controvérsias* – solução judicial, arbitral, por determinação de perito, para questões técnicas; lei aplicável; foro.

Contratos de prestação de serviços de engenharia

Os contratos de engenharia, normalmente envolvendo a elaboração de projetos, sua construção, instalação, colocação em marcha, manutenção, assistência técnica. Toda uma enorme gama de serviços correlatos também pode ser classificada dentro da categoria dos "contratos de prestação de serviços".

Em relação aos contratos de prestação de serviços de engenharia, pode ocorrer a existência de um contrato base da cliente com a contratada principal (*main contract*) e esta subcontratar uma série de outras empresas para a prestação de serviços complementares e/ou acessórios específicos. Nesse caso, será importante que a interface entre toda essa rede de contratos aconteça de modo a assegurar perfeita identidade e adequação nos conteúdos dos trabalhos a serem realizados, prazos, repasse de exigências de conteúdo e especificação dos trabalhos, obrigações e responsabilidades e outras peculiaridades.

Em certas situações envolvendo projetos de grande envergadura, pode existir a contratação de um consórcio de empresas pela cliente. A cada consorciada pode, então, caber a prestação de determinada parte dos serviços exigidos pelo projeto, conforme seja dividido entre elas o cumprimento do objeto do contrato principal firmado pelo consórcio com a cliente. Uma das consorciadas é indicada como empresa líder do consórcio e são fixadas as regras de representatividade do consórcio pela líder perante a cliente e terceiros, bem como são reguladas corresponsabilidade e atuação conjunta das integrantes do consórcio.

Entidades reconhecidas internacionalmente, como o American Institute of Architects e a Federation des Engenieurs-Conseils (Fidic), produzem modelos contratuais que podem ser utilizados como pontos de partida para as contratações mais sofisticadas.

A área petrolífera, em função de sua especificidade, tem seus padrões e práticas de indústria peculiares. A Association of International Petroleum Negotiators (AIPN), associação civil domiciliada nos Estados Unidos, produz, através da colaboração de juristas, negociadores e técnicos, minutas de contratos peculiares a esse segmento da economia – acordo de confidencialidade, acordo de operações conjuntas (*joint operating agreement*), acordo para apresentação conjunta de proposta (*joint bidding agreement*) e outros.

A International Association of Drilling Contractors (IADC) é outra entidade da indústria petrolífera que também produz minutas contratuais relacionadas à perfuração de poços petrolíferos.

Nos contratos de engenharia de maior valor e complexidade, vamos encontrar, como cláusulas típicas, algumas das acima citadas e outras específicas:

❑ *quanto ao objeto* – a descrição das atividades a serem desenvolvidas pelo prestador de serviços trará maior riqueza de

detalhes na descrição dos trabalhos a serem desenvolvidos e da forma de sua execução, suspensão e pagamento;
- *quanto ao preço* – a forma de remuneração pelos trabalhos realizados será especificada segundo a natureza dos serviços e sua duração no tempo. Por exemplo, na prestação de serviços de perfuração petrolífera, são usuais a contratação de empresas contra o pagamento de taxas de mobilização e desmobilização da sonda e o pagamento de uma taxa diária de utilização dos equipamentos de perfuração e demais serviços;
- *obrigações do contratado* – é estipulado o dever de uma atuação diligente, dentro do prazo e condições acordadas e segundo as exigências requeridas pelo tipo de serviço contratado, de forma profissional e eficiente; é prevista a apresentação periódica de relatórios ou informações sobre o andamento dos serviços; é estabelecida a necessidade do cumprimento das regras atinentes ao ramo de atividades do prestador de serviços;
- *obrigações do cliente* – nessa cláusula são descritas a forma e as condições de pagamento da remuneração acordada; é fixado o dever de colaboração e prestação, à contratada, de informações que sejam necessárias à execução dos serviços, tudo com um maior grau de detalhamento;
- *confidencialidade* – o contrato normalmente inclui regras prevendo o dever de confidencialidade quanto aos dados e informações obtidos em razão da prestação dos serviços e também estabelece que não deverão existir conflitos de interesse, da parte do prestador de serviços, aplicáveis à forma de contratação em pauta;
- *força maior* – essa cláusula, como vimos, estabelece a possibilidade de a parte atingida por evento externo que impeça a prestação de serviços pleitear a suspensão da execução dos serviços enquanto vigente tal situação de força maior que

impeça o cumprimento das obrigações contratuais, tendo essa parte o dever de, imediatamente, notificar tal ocorrência e retomar o cumprimento das obrigações tão logo superada. Pode-se prever, ainda, a rescisão antecipada se a força maior persistir além de certo prazo. Nos contratos de perfuração petrolífera, como existe a mobilização da sonda e de seus operadores para o local de execução dos serviços, é usual que se acorde um pagamento de taxa diária de força maior ou de *stand-by*, de menor valor do que a taxa diária paga durante a operação, e que será paga enquanto perdurar algum evento que suspenda a execução dos serviços, imputável a evento externo à contratada;

❏ *rescisão antecipada* – de modo semelhante aos contratos de prestação de serviços em geral, após notificação para corrigir procedimento que esteja em desacordo com o contratado. Pode estar também prevista a rescisão antecipada para a hipótese de insolvência ou falência de qualquer das partes;

❏ *outras cláusulas típicas*, como a de solução de controvérsias, também são comuns. Formulações mais sofisticadas para a solução de controvérsias, além da solução arbitral ou judicial, como a determinação por perito (*expert determination*) e outras, que veremos a seguir em capítulo próprio, podem também estar presentes.

Outro aspecto importante nos contratos de prestação de serviços de natureza técnica tem a ver com a possibilidade de as partes definirem adiantadamente, pela via contratual, o grau e o limite de responsabilidade de cada uma das partes contratantes. Em certos casos, limitando, por exemplo, o grau de exposição/responsabilidade da parte contratada a um percentual do preço dos serviços.

É comum, em contratos de prestação de serviços técnicos envolvendo projetos de certa envergadura e complexidade, a adoção das chamadas cláusulas *knock-for-knock*, que preveem que cada uma das partes responderá pela indenização de danos aos seus próprios bens e pelo que atingir ao seu pessoal respectivo.

A forma mais eficaz e desejável de as partes se precaverem quanto a problemas ao longo da execução de contratos de prestação de serviços, em especial aqueles contratos envolvendo operações de maior complexidade, é a contratação de seguro abrangente. Tal seguro deve cobrir todo o prazo de duração das operações e excluir a possibilidade do direito de sub-rogação das seguradoras contra a empresa contratada ou a cliente, se for aquela que o contratar, e contra eventuais terceiros envolvidos no projeto, todos, em geral, indicados na apólice, para esse fim, como cossegurados. O custo de tal seguro, dependendo da natureza que se procure dar ao contrato e à extensão da cobertura, poderá vir ou não incluído no custo da prestação de serviços pela empresa contratada.

Acordos de associação e joint ventures

Como registra Castelli (2011), a expressão *joint venture*, originária da prática privada, notadamente da *common law*, diz respeito à verdadeira realidade negocial, significando diversas formas de associação entre empresas visando à colaboração comercial e industrial, muitas vezes em âmbito internacional, para exploração de determinado negócio.

Em consonância com a orientação norte-americana, encontra-se na *joint venture* uma fórmula contratual de aliança que consiste na instauração de uma relação de colaboração ocasional, com objetivo comum, considerando sempre a natureza pessoal que une as partes, visando partilhar riscos do negócio, investimentos, obrigações e responsabilidades.

Normalmente ocorrem no âmbito internacional, facilitando o acesso a outros mercados, não poucas vezes envolvendo um investidor estrangeiro e o empresário do país hospedeiro, sendo instauradas para aproveitamento de recursos naturais em países emergentes, da produção, do canal de distribuição, do conhecimento de mercado, da marca, do *know-how*, contando com regras e estrutura estabelecida contratualmente entre as partes. Assim, vamos encontrar esses acordos de colaboração empresarial para explorar recursos naturais, como acontece com os acordos de operação conjunta da indústria petrolífera; para desenvolver estratégias de atingimento de mercados no comércio exterior; para explorar novas tecnologias.

Destacam-se dois tipos principais:

❑ *contractual joint venture*, que representa um acordo pela via contratual entre os empresários (*gentlemen agreement*) em uma reunião de interesses com objetivos de negócio comum. Pode existir um único investimento com várias prestações ou o aproveitamento de uma situação para um negócio com terceiros;

❑ *incorporated joint venture*, de maior incidência, que implica a constituição de uma nova empresa a partir da relação existente entre duas ou mais empresas interessadas, com propósito específico, regulando-se os termos da participação dos envolvidos nesse novo negócio e na gestão da empresa que foi constituída, limitando-se, ainda, a responsabilidade dos sócios envolvidos.

A *joint venture* normalmente carece de legislação específica para regê-la na grande maioria dos países, inclusive no Brasil. A ela aplicam-se as regras gerais do direito local aplicável, norteadas ainda pela jurisprudência internacional que lhe deu origem.

Em nosso direito temos o consórcio de empresas, previsto na lei societária, como uma forma jurídica afim à *joint venture*. Mas não adota a figura da *joint venture* societária, pois cada uma das consorciadas mantém sua identidade. A associação de duas empresas em consórcio não leva à criação de uma terceira.

Já quando a opção adotada pelas partes que se associam é a criação de uma relação mais estável, é comum que ocorra a formação de uma sociedade de propósito específico, que no caso brasileiro poderá ter a forma de uma sociedade limitada ou de uma sociedade anônima, cabendo regular, num acordo de sócios firmado em paralelo aos documentos de constituição da sociedade, todos os tópicos de interesse das partes para a regulação de seu relacionamento societário futuro.

São aspectos relevantes do contrato regulador da *joint venture*:

❏ *natureza do contrato* – a estrutura do contrato vai depender do tipo de *joint venture* tratada. Certo é que se a *joint venture* for uma *corporation*, no próprio contrato que a constitui devem as partes estabelecer os principais aspectos relacionados à sociedade que irá ser constituída, como: identificação do tipo societário adotado, percentual de participação de cada um dos integrantes, como irão contribuir com o capital na nova sociedade, o *know-how* do negócio, como será o uso e qual será a marca a ser utilizada e, principalmente, como será a gestão e a tomada de decisões dentro da sociedade (conselho, diretoria e forma de administração), o que remete à questão da autonomia ou controle dessa nova estrutura frente aos seus sócios integrantes. Esse documento, que pode ser um contrato de investimento ou um acordo de acionistas, dará origem ao contrato social que, de fato, constitui a sociedade, a ser registrado na junta comercial local;

❏ *objeto* – deve prever a intenção das partes com essa parceria para realização do negócio. Como referido acima, deve estabelecer as razões da *joint venture* no que tange ao aproveitamento das vantagens de produção, da marca e *do know-how*;

❑ *direito dos participantes* – cada parte deve ter claros os direitos que lhe cabem no âmbito do contrato, principalmente os direitos comuns, como é o caso da gestão do negócio – como a preponderância de uma sócia majoritária ou o estabelecimento de um co-controle (ou seja, controle conjunto) e compartilhamento das decisões e os meios de distribuição de tarefas entre as associadas, por exemplo. As matérias de importância que deverão ser tratadas pelas sócias e decididas em maioria ou unanimidade são normalmente elencadas;
❑ *duração* – a *joint venture* é criada com um prazo determinado ou não, conforme acordado;
❑ *propriedade intelectual* – o contrato precisa indicar como será tratada a propriedade intelectual (marca, *know-how*, patente) trazida para o âmbito da *joint venture* por uma ou ambas as empresas participantes (com a importância do dever de confidencialidade) e como será tratada a propriedade intelectual criada no curso da *joint venture*, em razão da aliança das partes. Este último aspecto é crucial, principalmente pensando, no caso de término da relação, como estes bens serão tratados.
❑ *não concorrência* – normalmente, considerando o interesse comum, as partes acordam não concorrer de forma individual com negócios que possam afetar, naquele território ou país, ou no segmento econômico específico, o atingimento dos fins e objeto da *joint venture*;
❑ *solução de conflitos* – de extrema importância é a cláusula que estabelece como eventuais desavenças serão tratadas pelos sócios. Normalmente têm-se formas de mediação, com participação de executivos de alto escalão da empresa e a presença de um terceiro neutro como facilitador da negociação. Não sendo possível a solução interna, deve-se indicar qual o tribunal competente ou a via arbitral (mais comuns nesses contratos). Formulações mais complexas podem prever uma

cláusula escalonada, em que uma situação de impasse leva à convocação de nova reunião de sócios para rediscutir o tema controverso, submissão a níveis hierárquicos superiores das partes, mediação por terceiro e, ao final, arbitragem ou solução judicial;

❏ *possibilidade de retirada do negócio* – deve ainda o contrato prever como se deve proceder com relação à retirada de um dos sócios do negócio. Ou seja, quais as condições aplicáveis em caso de dissolução do negócio, quanto cada parte terá direito a receber, como será calculada sua participação na *joint venture*. As formulações mais sofisticadas de contratos preveem cláusulas como: (a) *put* e *call*, prevendo o direito de venda e a obrigação de compra da participação de uma associada pela outra, quando da ocorrência de certos eventos; (b) direito de preferência ou de primeira oferta (conforme o caso) se uma das partes decidir se retirar do negócio, dando à outra a opção de permanecer; (c) cláusula prevendo o dever do alienante de procurar estender à outra parceira a possibilidade de venda de sua participação na *joint venture* se houver uma discussão com um terceiro interessado na compra da sua participação (*tag along*), entre outros.

Mútuos e garantias

Trataremos agora de certos contratos de natureza financeira que, no âmbito internacional, também têm grande relevância: os contratos de mútuo e de garantia.

Diversas alternativas de capitalização das empresas

Como referido por Borromeu de Andrade (2014), captar recursos para enfrentar as necessidades de fundos para o desenvolvimento de suas atividades é algo que demanda de uma empresa planejamento, análise de mercado e uma série de outros aspectos.

Qualquer empresa, seja ela uma sociedade de um sócio controlador de presença majoritária marcante, seja uma *joint venture* societária em que estejam relativamente equilibradas as participações dos diversos sócios, sempre irá se defrontar com algumas alternativas/tomadas de decisão a serem devidamente sopesadas:

❑ capitalização por meio de recursos próprios dos sócios, mediante aumento de capital; ou
❑ endividamento.

Caso a primeira hipótese seja escolhida porque os sócios decidiram aportar capital e correr o risco do negócio, sendo remunerados uma vez atingido resultado positivo nas atividades do objeto social, as alternativas a considerar são:

❑ os atuais sócios pretendem manter sua participação proporcional no capital, subscrevendo uma parte do aumento, de modo que não sejam diluídos (de modo a manter a proporcionalidade existente); ou
❑ haverá uma subscrição que não atente a essa proporcionalidade, com a renúncia ao direito de preferência por alguns dos sócios existentes, ou mesmo a subscrição por terceiros, sem que os fundadores exerçam o natural direito de preferência que lhes assegure manter o mesmo percentual de participação societária.

Se a alternativa for o endividamento da sociedade, a opção adotada poderá ser:

❑ contratação de empréstimos pela sociedade junto aos próprios sócios – que com isso estarão garantindo a existência de um direito de crédito mais específico junto à empresa –, sem os riscos da participação societária e segundo as regras societárias e tributárias vigentes, de modo a assegurar a transparência e comutatividade da operação. Muitas vezes isso ocorre no início do empreendimento, por meio do que se chama um "empréstimo de dívida subordinada", ou seja, sujeito ao pagamento dos outros credores não sócios; ou

❑ contrair dívida perante terceiros, notadamente instituições financeiras, de modo a obter os necessários fundos para custear as atividades sociais pretendidas, submetendo-se às condições de captação próprias do mercado financeiro à época.

A alternativa de contratação de dívida perante o mercado bancário normalmente se formaliza por meio dos chamados "empréstimos sindicalizados", isto é, contratados junto a um consórcio de bancos em que as diversas instituições procuram diluir seu risco, formando um consórcio para emprestar à empresa mutuária.

Entre as outras alternativas possíveis para a capitalização de uma empresa, e seus tópicos de interesse, podemos citar:

❑ a emissão de outros valores mobiliários (diferentes das ações) no próprio país de domicílio da empresa – títulos de remuneração variável, fixada em função da conjuntura do país e natureza do negócio. Esses títulos têm valor de remuneração variável em função da conjuntura e do negócio; podem instaurar-se gravames sobre o patrimônio da empresa emissora; é necessário o registro da emissão na Comissão de Valores Mobiliários (CVM);

❑ emissão de títulos (em geral *bonds*) no exterior, com o necessário registro na CVM e na Securities and Exchange Commision (SEC), se negociados nos Estados Unidos, ou em outro órgão estrangeiro de controle. Nesse caso, torna-se necessária uma análise sobre a possibilidade da circulação da dívida e detenção por parceiros no momento desconhecidos

e que podem não estar inteiramente alinhados com o escopo e governança da empresa tomadora dos recursos;
- diversas formas de securitização: recebíveis de empresas aceitas pelos credores; vinculação do fluxo de receitas ao serviço da dívida; comprometimento do volume e fluxo da produção ao atendimento desses credores; garantias subsidiárias;
- *project finance*, em que ocorre a segregação da captação de recursos para atendimento das necessidades de fundos de uma empresa através da criação de uma sociedade de propósito específico (SPE), que irá conduzir determinado projeto de interesse das suas sócias, isto é, instituidoras (*sponsors*).

Nesse caso, é necessária uma análise criteriosa da viabilidade e risco do empreendimento, sujeitando-se tal esquema de captação a um possível maior grau de ingerência dos financiadores na condução do empreendimento, muito embora não esteja totalmente descartada a possibilidade de exigência de garantia subsidiaria dos *sponsors* ou a assinatura por estes ou afiliadas de contratos de compra da produção da planta da empresa ou sociedade de propósito específico (EPE).

Empréstimos externos e garantias para empréstimos internacionais

Como esclarece Andrade Jr. (2003, 2006b), durante muitos anos, ao abrigo das leis federais nº 4.131/1964, nº 4.595/1964 e nº 4.728/1965, as movimentações financeiras e cambiais têm estado sujeitas à fiscalização do Banco Central do Brasil (Bacen).

A respeito das diversas modalidades desses empréstimos externos e seus registros, recomendamos literatura especializada àqueles que desejarem um estudo mais aprofundado sobre tais temas. Hoje, essa regulamentação está consolidada na Resolução Bacen nº 3.844, de 24 de março de 2010. Vamos examiná-la minuciosamente nos próximos parágrafos.

Os antigos registros manuais e baseados em papel foram todos substituídos pelas formas registrais declaratórias e eletrônicas, facilitando enormemente os processos registrais. Hoje, ao amparo da citada Resolução nº 3.844/2010, reconhecem-se os registros das seguintes movimentações financeiras e de capitais:

- o investimento estrangeiro direto para produção e serviços;
- os empréstimos externos, inclusive o arrendamento mercantil financeiro externo;
- a remessa de *royalties*, serviços técnicos e assemelhados, arrendamento mercantil e operacional externo, aluguel e afretamento;
- as garantias prestadas por organismos internacionais;
- a entrada de capital em moeda nacional, nos termos da Lei nº 11.371/2006.

Garantias nos empréstimos internacionais

As garantias nos empréstimos privados internacionais serão aquelas previstas nos respectivos contratos e deverão ser objeto de registros nos registros de operação financeira (ROFs) correspondentes às transações. Por sua vez, as garantias prestadas por organismos internacionais seguem normas específicas que preveem a assinatura do contrato de prestação de garantia a ser objeto de registro no sistema de registro declaratório eletrônico, módulo registro de operação financeira (RDE-ROF) do Sisbacen. A responsabilidade pelo registro dessas garantias é do devedor da operação de crédito externo. Considera-se beneficiário dos recursos que ingressarem no Brasil para o cumprimento da garantia o credor da operação interna que, na data da transferência pelo garantidor externo, esteja devidamente identificado. O prazo de vigência do registro é igual ao prazo máximo previsto para o cumprimento da garantia. O ingresso de recursos no Brasil para tal fim torna efetiva a operação externa para efeito de registro, que deverá ser feito na moeda em que ocorreu o efetivo ingresso dos recursos do empréstimo garantido. Em termos cambiais, faculta-se ao garantidor que houver se sub-rogado nos direitos de crédito remeter em moeda estrangeira o montante equivalente ao valor da dívida garantida mais acréscimos legais (juros moratórios e multa contratual) em moeda nacional.

As garantias dos mútuos internacionais não diferem muito das características dos mútuos internos. Normalmente são de natureza fidejussória (fiança ou aval), mas podem também prever a caução de direitos creditícios, garantia pignoratícia ou de contas a receber (*account receivables*).

Outros tipos de garantias, usadas normalmente em licitações e contratos de serviços internacionais

Como consolidam Belerique e Raposo (2011), nos contratos internacionais podemos encontrar três tipos principais de garantias de natureza financeira, a seguir detalhados: *bid bond*, *performance bond* e *advanced payment bond*.

Bid bond

É a garantia de seriedade da proposta, num certame licitatório, apresentada pelo licitante à entidade que promove a licitação. Geralmente assume a forma de um tipo de fiança internacional, emitida por banco, que garante a participação do cliente em concorrência/licitação internacional (garantia de oferta).

É requerida na fase de licitação, tendo por objetivo cobrir as eventuais perdas, inclusive multas contratuais, causadas por um participante que, por algum motivo, ao ter sua proposta aceita, se recuse a ratificá-la assinando o contrato objeto da licitação, acarretando atrasos ao projeto de quem promove o certame licitatório ou mesmo levando, com sua falha, à necessidade da realização de um novo processo concorrencial.

Essa garantia é normalmente exigida para participação de empresas em concorrências internacionais. É emitida por um banco nacional em favor dos organizadores da concorrência no exterior e acionada caso a empresa solicitante da garantia se recuse a assinar o contrato depois de ganhar a concorrência.

É utilizada, portanto, para manter firmes as propostas, salvaguardando a promotora do certame licitatório dos custos decorrentes da não assinatura do contrato pelo vencedor, com a consequente anulação da concorrência ou chamada do segundo colocado para negociar o contrato, podendo ficar assegurado por esta garantia, nesse caso, o diferencial de preço.

Performance bond

É a chamada "garantia de execução de contrato". Fiança internacional que garante o exato cumprimento, de acordo com os termos contratados, do fornecimento de mercadorias ou serviços adquiridos por um cliente de exportador/prestador de serviços após este último ganhar a concorrência/licitação internacional (garantia de cumprimento). É emitida por banco ou entidade seguradora em favor do importador, no exterior, que adquiriu os serviços ou mercadorias.

O objetivo é ressarcir as eventuais perdas causadas ao cliente (garantido) pelo fornecedor por falta de cumprimento das obrigações constantes no contrato de fornecimento (mercantil), inclusive com relação à inexecução ou execução incompleta ou deficiente de serviços ou ao fornecimento de bens.

Normalmente, é subsequente à *bid bond*. Isso porque a *performance bond* garante agora a execução do contrato, uma vez tenha sido assinado – caso não seja executado ou não o seja como previsto, os contratantes do serviço podem exigir o pagamento da garantia.

Seu valor corresponde a determinado percentual do preço base do contrato, valor esse normalmente calculado de modo a cobrir o risco decorrente da substituição do contratado inadimplente por outro e de eventual diferença de preço.

Destina-se a empresas exportadoras que participam de concorrência internacional ou que tenham obrigação de entrega de equipamentos e serviços no exterior e que possuam linha de crédito aprovada por um banco de primeira linha.

Advanced payment bond

Conhecida também como *refundment bond*, é uma garantia cujo objetivo é assegurar o reembolso dos pagamentos efetuados pelo importador de forma antecipada ao fornecedor, sendo exigida quando houver falta de cumprimento das obrigações constantes no contrato de fornecimento (mercantil) pelo fornecedor ao garantido, que adiantara parte do preço.

Esse verdadeiro seguro de garantia de adiantamento de pagamento visa cobrir o risco de adiantamentos de pagamentos liberados pelo contratante, sem a contrapartida imediata de fornecimento, serviços ou obras. Dessa forma, o contratante exige o seguro pelo valor integral do adiantamento, liberando a apólice quando da compensação do mesmo mediante a aferição de cumprimento da etapa do contrato correspondente ao pagamento antecipado realizado. Ocorrendo novo adiantamento, é então baixado o anterior e incluído o novo valor. Esse é um exemplo de adiantamentos não cumulativos, que ocorrem em regra geral.

7

Conflitos de leis e jurisdição internacional: solução de controvérsias

Neste capítulo, trataremos das questões ligadas a uma matéria denominada, em alguns países, direito internacional privado, que dispõe sobre a aplicação, no espaço geográfico, das regras que disciplinam as relações entre as diversas partes.

O direito internacional privado

Essa é a designação atribuída à matéria que, em boa parte dos países, procura encontrar soluções para a hipótese em que as relações entre partes privadas estejam conectadas a mais de um ordenamento jurídico nacional.

Não sem motivo, no âmbito da *common law* a designação atribuída a esse ramo do direito é *conflicts of law*. O título enfatiza justamente essa função precípua desse ramo do direito: estabelecer regras para a solução de situações de conflito de aplicação no espaço das leis.

No caso de um contrato internacional, em que, como vimos, ocorre a presença de um "elemento de estraneidade", que liga esse acordo de vontades a dois ou mais ordenamentos jurídicos nacionais, a questão da identificação da norma aplicável para a regulação da relação jurídica estabelecida entre as partes assume grande importância.

Justamente por isso, as partes, procurando prever o futuro, já estabelecem, no próprio corpo do contrato, o maior número possível de regras para resolver as possíveis situações de conflito, indicando qual a lei aplicável para reger o contrato, onde e como qualquer litígio decorrente do contrato será julgado. Isso se faz por meio de cláusula de foro e mecanismos de solução de controvérsias, e, não poucas vezes, nos contratos internacionais, indicando a arbitragem e não a sujeição aos foros judiciais nacionais.

Mas é claro que não há como escapar da indicação de uma lei nacional aplicável ao contrato internacional, sua lei de regência, na medida em que os tratados e convenções internacionais, e os costumes e práticas adotados no comércio internacional não esgotam todas as questões que poderiam aplicar-se a cada caso concreto de contratação.

Regras de jurisdição nos contratos

Muitas vezes a preocupação com a neutralidade dos foros estrangeiros leva as partes, num contrato internacional, a escolherem um país neutro como foro para solucionar eventuais disputas que possam surgir entre elas.

Em certos casos, em razão do maior poder de barganha de uma das partes contratantes, ou em razão da natureza especial do contrato internacional, como ocorre, por exemplo, com os contratos de investimento que envolvem a exploração de recursos naturais de um país hospedeiro de investidores internacionais, o país da parte que promove a licitação ou onde o objeto do contrato deverá ser executado é imposto, por força de lei, como foro do contrato.

Além disso, há certos temas que, por motivos de ordem pública interna dos países, necessariamente precisam ser submetidos às suas leis e cortes ou ter seu julgamento realizado nesses países. É o que ocorre com certas questões, por exemplo, no caso da lei aplicável para reger a questão da competência para que uma das partes possa ser considerada citada para uma demanda com a outra parte – geralmente as regras vigentes no local do seu domicílio se aplicam. É comum, nos contratos financeiros internacionais, para evitar problemas decorrentes dessa situação de a parte ré não ter estabelecimento no foro do contrato, que o próprio instrumento contratual estabeleça a indicação, no local do foro do contrato, de alguém apoderado para receber citação (*process agent*, na *common law*), de modo a evitar que, iniciada alguma demanda, ao ser citada no foro do contrato, a parte ré venha a invocar a desculpa de que ali não tem domicílio.

Outra cláusula encontradiça nos contratos internacionais sempre que uma das partes é o Estado de um país estrangeiro, ou uma de suas agências governamentais, empresas ou entidades é a chamada regra de renúncia a imunidade soberana. Por meio dessa cláusula, a parte estatal renuncia a invocar em sua defesa, uma vez citada, a excludente de não poder se submeter a uma corte estrangeira pelo fato de ser um ente de Estado, e que naturalmente precisaria ser julgado em corte de seu próprio território. Em inglês, essa regra é normalmente designada *waiver of foreign immunity* e, nos Estados Unidos, existe até um diploma legal específico tratando da matéria.

Dependerá, portanto, de escolha das partes, e, na ausência dela, das regras de solução de conflitos do direito internacional privado, a indicação de solução para eventuais perplexidades quanto à norma e ao corte nacional que deverão reger determinada situação de conflito que venha a ocorrer em relação aos termos de um contrato internacional.

Algumas normas internacionais procuram uniformizar tais regras de solução de conflitos. São exemplos dessa tendência as regras emitidas pela Conferência de Direito Internacional de Haia e pelo Instituto para a Unificação do Direito Privado (Unidroit), as leis-modelo editadas pela Comissão das Nações Unidas para o Direito do Comércio Internacional (Uncitral), além de convenções internacionais, como a Convenção de Haia para Disciplinar a Compra e Venda Internacional.

Como esclarece Araújo (2011), no caso de um contrato multiconectado, a norma de direito internacional privado não estipula comandos jurídicos específicos sobre, por exemplo, validade do contrato ou capacidade das partes, mas apenas *indica* qual, entre os sistemas jurídicos de alguma forma ligados à hipótese, deve ser aplicado. O aplicador da lei, explicam Araújo (2011) e Dolinger (2008), seguirá a norma de direito internacional privado como se fora uma seta indicativa do direito aplicável e, nele, procurará os preceitos jurídicos que regulam o caso em exame.

Autonomia da vontade das partes

Como vimos, o chamado "princípio da autonomia da vontade" aplicável aos contratos possibilita que as partes elejam o foro (tribunal) de sua conveniência e escolham as leis que devem reger seus contratos, embora sua total aplicabilidade seja questionada por alguns autores, considerando as regras de direito internacional, de que falamos anteriormente, existentes em cada Estado. Certo é que se verifica, em termos práticos, sua adoção e validade. O princípio da autonomia da vontade costuma prevalecer às regras de direito internacional privado, principalmente quanto à escolha da lei aplicável.

Nessa linha de raciocínio, ao elaborar um contrato, devem as partes prever qual o direito e qual o tribunal que deverá ser aplicado para regular o caso concreto e decidir sobre eventual controvérsia, como o não cumprimento do pagamento, por exemplo. Nesse caso, as partes sentem-se mais seguras por saber onde deverão propor eventual ação judicial, caso a outra parte não cumpra com sua obrigação, ou ainda saber qual lei irá ser aplicada para decidir o caso.

No exemplo de uma compra e venda em que uma empresa brasileira vende certa mercadoria a uma empresa belga, poderão as partes eleger a lei do Brasil e o foro do Brasil para decidir conflitos advindos da transação. Assim, caso a empresa brasileira que deve exportar a mercadoria não receba o pagamento devido da empresa belga, poderá ir ao tribunal do Brasil propor a ação judicial, sujeita à lei brasileira, visando receber a importância devida.

Por outro lado, é importante salientar, como mencionado, que eventual decisão do tribunal do Brasil, para que seja efetivamente executada na Bélgica, dependerá do reconhecimento, por tribunal daquele país, da decisão judicial proferida no Brasil. Isso porque estamos diante de Estados soberanos que não são automaticamente obrigados a reconhecer um ato que não seja de sua própria autoridade, no caso, o juiz local. Assim, para que a empresa brasileira possa executar os bens da empresa belga e obter efetivamente seu pagamento, dependerá de um consentimento do tribunal belga (o que se denomina "reconhecimento de sentença judicial estrangeira").

O mesmo ocorreria se a decisão estrangeira tivesse de ser cumprida no Brasil, devendo receber a confirmação de execução (*exequatur*) pelo nosso Superior Tribunal de Justiça (STJ), que não iria analisar os fatos novamente, mas, tão somente, verificar aspectos processuais e se a decisão não ofende nossa ordem pública, soberania e bons costumes.

Quanto a qual tribunal e qual a lei se deverá eleger no contrato, não há uma regra básica, devendo a resposta vir caso a caso, segundo análise das circunstâncias de cada contratação. Algumas preocupações básicas devem ser consideradas: (a) se a empresa possui um advogado competente no país, para representá-la; (b) se conhece o direito que está elegendo no contrato; (c) se o tribunal escolhido está em um país estável, em que o Judiciário é de fato independente; (d) se existe alguma ausência de afinidade entre a lei e o tribunal aplicáveis ao contrato e o Estado em que se promoverá a ação para executar uma eventual decisão, por ser aquele no qual a parte inadimplente possui seus bens, entre outras.

Limites à aplicação da lei estrangeira

Nem sempre todas as variáveis aqui citadas são passíveis de ser controladas pela parte, e dependerão da lei, de um poder de barganha e da negociação.

O Código de Processo Civil brasileiro, por exemplo, expressamente determina que a lei e o foro brasileiros são competentes para dirimir questões relacionadas com imóveis situados em nosso país.

Além disso, em todos os sistemas jurídicos nacionais há previsão legal de regras para solução de possíveis conflitos quanto à aplicação da lei, quando está em julgamento aquilo que já se chamou de "situação jurídica multiconectada" (Araújo, 2011).

Igualmente, há situações em que, escolhida pelas partes determinada lei estrangeira para reger o contrato em razão de sua conexão com o caso concreto, não será esta total ou parcialmente aplicável, em face de impedimento determinado pela ordem pública do foro onde, posteriormente, se venha a procurar executar uma decisão relativa ao contrato em causa.

Por "ordem pública" entenda-se o conjunto de princípios especialmente caros a determinado sistema jurídico, de tal modo que são tidos como fundamentais e parte integrante desse sistema jurídico, não podendo ser revogados pelas partes em seus acordos particulares.

Daí por que, além de ser um aspecto que irá depender, como vimos, do poder de barganha de cada parte no âmbito da negociação de um contrato, a eleição do foro e da lei aplicáveis para reger um contrato é matéria a ser considerada com cuidado.

Algumas vezes, no entanto, como dito, conforme costuma acontecer em certos acordos de investimento em que o país hospedeiro "determina" efetivamente as normas aplicáveis às contratações, sequer existe essa possibilidade de uma discussão sobre o tema. Para assinar o contrato com o Estado ou uma agência governamental, ou para assinar determinado contrato de interesse do país hospedeiro, e para ali ter vigência, os contratantes deverão necessariamente se submeter a uma determinada lei e foro já antecipadamente definidos pelo Estado. Isso acontece, por exemplo, em contratos para exploração de recursos naturais, como os contratos de concessão ou de partilha de produção firmados entre, de um lado, o Estado do país hospedeiro – ou uma instrumentalidade desse Estado – e, do outro lado, a empresa estrangeira investidora ou grupo de empresas investidoras, se for um consórcio ou grupo de investidores. Em razão da enorme relevância para o país que cede a exploração de seus recursos naturais, ele deseja ter voz na definição desse ponto de importância do contrato, já de antemão fixando que sua lei e suas cortes serão competentes para reger e julgar o contrato.

Consenso quanto às vantagens da composição amigável dos conflitos

Existe uma tendência mundial à composição amigável dos conflitos, nos mais diversos ramos do direito, e, especificamente, na área comercial, visando à criação de clima propício a investimentos e negócios.

Nos contratos comerciais internacionais, principalmente, as partes têm procurado, sempre que possível, escapar da submissão das possíveis controvérsias às cortes judiciais nacionais e suas peculiaridades, preocupadas com o custo, a demora nas sentenças, a incerteza quanto ao resultado e outras variáveis, que desestimulem ao intercâmbio comercial.

Nem sempre, contudo, isso é possível, pois há, sem dúvida, mesmo nas formas menos adversariais de solução de controvérsias, aspectos como o custo e a escolha dos julgadores adequados, que acabam por também criar problemas para a adoção dessas fórmulas mais criativas e também podem fazer demorar o alcançar-se de uma solução.

As diversas formas de solução de conflitos

De todo modo, cabe o registro da crescente importância das formas alternativas de solução de controvérsias, as *alternative dispute resolution techniques* (ADR), o que levou ao surgimento e aperfeiçoamento de diversas técnicas, sobressaindo entre elas:

- a *conciliação*, em que as próprias partes, com ajuda de terceiro(s) de sua confiança, procuram negociar uma maneira de pôr fim à controvérsia de maiores proporções ou mesmo à demanda já instaurada;
- a *mediação*, em que a figura do terceiro facilitador da composição amigável ganha contornos mais claros, e esse colaborador tem por tarefa expor a ambos os lados as vantagens de uma solução negociada, encorajando-os a ela, sem contudo emitir juízo de valor quanto ao que propugnam os contendores;
- a *arbitragem*, em que o terceiro (ou terceiros) chamado(s) para a apreciação da causa emite(m) um efetivo julgamento

de valor quanto à demanda, dizendo com quem está a razão.

Para certos autores, a arbitragem, por já envolver um conflito mais declarado, com a necessidade de um terceiro para julgar a causa, já não estaria entre os chamados "métodos alternativos" para solução de disputas.

Além desses métodos mais conhecidos, a Câmara de Comércio Internacional de Paris, seguindo uma tendência já encontrada nos contratos de engenharia, aprovou regras de ADRs, prevendo entre as modalidades estabelecidas:

- a *neutral evaluation* – decisão não vinculante por um *expert* neutro quanto a tema controvertido;
- a *expert determination* – esclarecimento de ponto controverso numa relação contratual, por meio de um laudo emitido por técnico neutro;
- o *mini-trial* – exame de um ponto controvertido por um painel constituído por um gerente (não envolvido no projeto objeto da demanda) de cada parte e um terceiro neutro, painel esse que poderá fazer recomendações e tentar fazer com que as partes em litígio cheguem a uma composição.

Trata-se de mais algumas opções colocadas à disposição dos interessados, de modo a evitar que as partes enveredem desde logo na discussão arbitral ou judicial de pontos de discordância que possam surgir durante um relacionamento comercial.

Examinando os diversos tipos de técnicas para solução de controvérsias pela ótica do maior ou menor formalismo, podemos identificar, em ordem crescente de formalismo e rapidez na obtenção de resultados finais:

- negociação;
- *expert determination*;
- *neutral evaluation*;
- conciliação;

- mediação;
- *mini-trial*;
- arbitragem;
- submissão ao Judiciário.

Além dessas fórmulas, cabe o registro dos chamados *dispute boards*, também já incorporados pela CCI como alternativas oferecidas às partes em litígio. Esses *boards* são comitês compostos por especialistas logo ao início da vida dos contratos, que têm por função acompanhar seu cumprimento, oferecendo comentários ou soluções a eventuais questões controvertidas que surjam durante sua execução. Com a instituição de tal mecanismo, geralmente adotado em empreendimentos de maior envergadura, é possível procurar evitar que desinteligências interpretativas entre as partes quanto a seus direitos e quanto à forma de execução dos contratos se transformem em conflitos declarados, que levem aos processos contenciosos.

Como o contencioso internacional é normalmente demorado e custoso, é comum que, ao redigirem os contratos, as partes adotem cláusulas escalonadas, em que dois ou mais desses métodos de solução de controvérsias são alinhados, numa evolução de sua utilização em busca da solução para a questão controvertida. E algumas vezes o uso de tais mecanismos é precedido de um prazo para negociação direta entre as partes, em níveis hierárquicos mais elevados dentro das organizações, de modo a evitar o litígio.

A arbitragem como técnica de solução privada de controvérsia

Para David (1998b) a arbitragem é a técnica que visa dar solução à questão que interessa às relações entre duas ou várias pessoas, por intermédio de uma ou mais pessoas – o árbitro ou árbitros –, as quais têm poderes resultantes de convenção privada e decidem, com base nessa convenção, sem estar investidos dessa missão pelo Estado.

Os árbitros, portanto, são pessoas do mercado, *traders*, homens de negócio com experiência naquela área objeto do litígio, advogados ou técnicos com vivência desse tipo de problema, pessoas, enfim, que possam apreciar a causa com competência e imparcialidade.

Características geralmente atribuídas à arbitragem

Como principais características da arbitragem, destacamos:

- neutralidade dos árbitros;
- *expertise* dos árbitros quanto ao tema do litígio;
- possibilidade de ser acordada a confidencialidade de todo o processo;
- celeridade;
- menor custo.

As duas últimas características podem não estar presentes, em razão das peculiaridades de cada causa e da forma pela qual as partes conduzam o processo.

Pressupostos para a utilização da arbitragem

Uma vez que a submissão de um conflito à arbitragem representa uma renúncia à regra geral de que cabe ao Judiciário apreciar as demandas entre partes, para se adotar a arbitragem como alternativa à Justiça oficial na solução de um conflito, é necessária a existência daquilo que a lei-modelo da Uncitral, adotada por diversos países, houve por bem chamar de "convenção de arbitragem", que pode ser:

❏ uma cláusula compromissória, isto é, a própria cláusula arbitral inserida no contrato, prevendo que quaisquer controvérsias surgidas no âmbito do contrato serão submetidas a essa técnica de solução de conflitos; ou
❏ o compromisso, ou seja, um instrumento firmado pelas partes depois de iniciada a controvérsia, em que acordam submeter a apreciação da mesma à arbitragem. Nesse caso, mesmo que não exista cláusula arbitral, se as partes decidirem submeter o conflito a arbitragem, assim poderá ser feito.

Tipos de arbitragem

Podemos identificar a existência de dois tipos de arbitragem, conforme consideremos a utilização ou não, pelas partes, de uma instituição arbitral para acompanhar o procedimento:

❏ *ad hoc* – aquela que não se utiliza de regras ou infraestrutura de nenhuma das inúmeras instituições arbitrais;
❏ institucional – a que se submete às regras de uma dessas instituições, beneficiando-se sua infraestrutura, que pode atuar como um "cartório" da causa, da experiência da instituição e sua jurisprudência interna, e, quando existe, do seu plantel de árbitros reconhecidos, para que as partes selecionem quem serão os julgadores da demanda.

A disciplina do instituto da arbitragem no Brasil

Embora existente na legislação vigente no país desde o século passado, a arbitragem ganhou maior impulso nas questões domésticas a partir da Lei nº 9.307/1996, de declarada inspiração na Lei-modelo da Uncitral e que entrou em vigor no início de 1997.

Entre as inúmeras novidades apresentadas por aquela lei, que agora já se cogita aperfeiçoar, destacam-se:

- não é mais exigida a homologação judicial do laudo arbitral, providência burocrática que acabava por afastar as partes da escolha dessa forma de solução de conflitos;
- a cláusula arbitral por si só é considerada base legal suficiente para a arbitragem, sendo dispensado o compromisso específico, lavrado uma vez iniciado um conflito concreto, para que o recurso à arbitragem seja compulsório;
- faculta-se o recurso ao juiz singular caso exista uma parte recalcitrante em comparecer perante o juízo arbitral (execução específica da cláusula compromissória);
- no âmbito das arbitragens estrangeiras, ainda que mantido o sistema de homologação do laudo pelo Supremo Tribunal Federal como condição para sua executoriedade (mais recentemente substituído pelo Superior Tribunal de Justiça), procurou-se resolver certos problemas práticos, decorrentes de: (a) falta de adesão do país a certas convenções arbitrais, notadamente a Convenção de Nova York (de 1958), só mais recentemente entronizada em nosso sistema jurídico; e (b) postura extremamente formalista, no passado, por parte do Supremo, em decisões anteriores.

Analisando o inteiro teor da lei, podemos apontar os seguintes tópicos principais do arcabouço jurídico da arbitragem ali contemplado:

- *matérias arbitráveis* – a lei estabelece que são suscetíveis de apreciação por essa forma de solução de conflitos apenas as questões envolvendo "direitos patrimoniais disponíveis";
- *processo arbitral e direito das partes* – de acordo com a lei, o processo arbitral deve ser conduzido de modo a serem atendidos os princípios do devido processo legal, igualdade das partes, imparcialidade dos árbitros e sua liberdade de convencimento (art. 21, §2º). Se tais princípios forem seguidos,

o laudo passa a desfrutar do valor de sentença, passível de execução;
- *convenção de arbitragem* – seguindo a dicotomia da lei-modelo de arbitragem da Uncitral, a Lei nº 9.307/1996 adotou o termo genérico "convenção de arbitragem" para abranger os dois pressupostos para que exista a arbitragem, como vimos acima: a cláusula arbitral já inserida no contrato ou o compromisso arbitral, firmado quando existe uma controvérsia concreta;
- *executoriedade da cláusula compromissória* – segundo a lei, a cláusula arbitral deve ser honrada pelas partes no contrato; é um acordo bilateral, que não pode ser rompido por uma delas. Tal entendimento está em consonância com as convenções vigentes de que o Brasil é signatário (Protocolo de Genebra, de 1923; Convenção do Panamá, de 1975).

A lei anterior tratava a matéria de forma diferente, exigindo que houvesse um instrumento formal prevendo a arbitragem, descrevendo a controvérsia, os árbitros e a lei aplicável, entre outros aspectos, para que tal comprometimento fosse executável. Daí por que apenas um mero pedido de perdas e danos poderia ser apresentado quando descumprida cláusula arbitral.

Pela Lei nº 9.307/1996, basta a existência da cláusula de arbitragem para que surja a obrigação de submeter o conflito a essa técnica de composição. Seu art. 7º prevê todo um ritual de envolvimento do Judiciário para que a executoriedade da cláusula compromissória seja assegurada.

Aperfeiçoamentos no sistema de homologação do laudo estrangeiro pelo STJ

Além das duas convenções acima citadas, o Brasil também é signatário da Convenção do Mercosul sobre Cooperação e Assistência Jurisdicional em Matérias Cível, Comercial, Trabalhista e Administrativa, de 1992, e da Convenção do Mercosul sobre Arbitragem Comercial Internacional, de 1998.

O país também ratificou mais recentemente a Convenção de Nova York (de 1958) sobre o Reconhecimento de Decisões Estrangeiras, bastante similar à do Panamá.

A Lei nº 9.307/1996, repetindo norma do ordenamento jurídico anteriormente vigente, exige que as decisões estrangeiras (aí incluídos os laudos arbitrais), para serem executadas no Brasil, sejam homologadas pelo nosso Judiciário. Em sua versão original a lei exigia que tal homologação tramitasse perante o Supremo Tribunal Federal; a Emenda Constitucional nº 95 transferiu essa competência para o Superior Tribunal de Justiça.

O laudo arbitral nacional, porque equiparado à sentença, dispensa tal formalidade da homologação pelo Judiciário para ser executado.

O que ficou dispensado, relativamente aos laudos arbitrais estrangeiros, face ao regime anteriormente vigorante, foi a exigência de que fossem homologados no país de origem para aqui poderem ser homologados pelo Supremo e executados.

Cabia ao Supremo, segundo o *caput* do art. 39 da nova lei, negar a homologação do laudo estrangeiro se constatasse que: (a) segundo a lei brasileira, o objeto do litígio não era suscetível de ser resolvido por arbitragem; (b) a decisão ofendia a ordem pública nacional. Esse juízo de homologação do laudo arbitral estrangeiro, depois de alteração legal posterior, foi atribuído ao Superior Tribunal de Justiça.

A apreciação do STJ deverá se restringir a aspectos como: capacidade das partes; validade da convenção arbitral; notificação do réu no processo arbitral; respeito aos princípios do devido processo legal; verificação do laudo, isto é, se sua apreciação se situa dentro dos limites do escopo da convenção de arbitragem; escolha da instituição arbitral de acordo com a convenção; caráter compulsório do laudo e, finalmente, verificação da suspensão do laudo pelo país onde foi emitido (art. 38 da Lei nº 9.307/1996).

Duas novidades processuais trazidas pela Lei de Arbitragem (Lei nº 9.307/1996), buscando neutralizar pontos anteriormente alegados pelo Supremo para negar homologação a laudos estrangeiros:

❑ Não será considerada ofensa à ordem pública nacional a efetivação da citação da parte residente ou domiciliada no Brasil, nos moldes da convenção de arbitragem ou da lei processual do país onde se realizou a arbitragem, admitindo-se, inclusive, a citação postal com prova inequívoca de recebimento, desde que assegure à parte brasileira tempo hábil para o exercício do direito de defesa [art. 39, parágrafo único].

❑ A denegação da homologação para reconhecimento ou execução de sentença arbitral estrangeira por vícios formais, não obsta que a parte interessada renove o pedido, uma vez sanados os vícios apresentados [art. 40].

O Superior Tribunal de Justiça, em seus julgados, vem decidindo de modo a fortalecer o instituto da arbitragem no país. Também nossos tribunais de justiça estaduais, no âmbito das arbitragens domésticas, têm atuado no sentido de dar reconhecimento a essa forma alternativa de solução de controvérsias, reconhecendo a competência dos árbitros para a apreciação da matéria submetida a seu escrutínio.

As exceções são os principais aspectos a serem considerados em relação aos temas básicos processuais relacionados com os contratos internacionais, a escolha da jurisdição onde eventuais conflitos decorrentes dos contratos serão julgados e as diversas formas de composição de litígios adotadas na prática contratual, com ênfase natural no uso do procedimento arbitral, pelas vantagens apresentadas.

Note, leitor, a preocupação crescente com o custo e o desgaste desses eventuais litígios, o que tem levado as partes a evitar, por meio da negociação, da mediação de terceiros e dos demais instrumentos de resolução menos adversariais de disputas, o surgimento de controvérsias incontornáveis..

Conclusão

A regulação dos contratos comerciais internacionais e a gestão dos instrumentos que viabilizam as diversas operações realizadas pelas partes envolvidas são matérias da ordem do dia das empresas que buscam reconhecer oportunidades de crescimento de suas receitas e identificam, no comércio exterior, não uma simples alternativa para colocação de excedentes de produção, frutos de algum desaquecimento sazonal da demanda do mercado interno, mas sim uma forma de alcançar o desejado crescimento de escala de suas atividades.

As noções básicas aqui apresentadas sobre os contratos de compra e venda internacional e aqueles a ela ligados e sobre outros tipos contratuais, escolhidos pela sua relevância, procuraram trazer a você, leitor, alguns conceitos, sugestões e alertas que, esperamos, venham a ser úteis na melhor compreensão e tratamento dos temas aqui relatados e permitam o mais adequado equacionamento das questões que perpassam tais operações.

Principalmente, é fundamental que se entenda que a formulação de um bom contrato envolve:

- uma eficiente investigação pré-contratual, que inclua a avaliação das necessidades da operação comercial que ele irá regular e do escopo a ser atingido;
- a inclusão de todas as disposições que visem disciplinar de maneira abrangente as diversas situações e variáveis relacionadas com a execução desse escopo contratual;
- a redação de modo eficiente, preciso e completo das cláusulas, com a correta utilização da terminologia técnica, comercial e legal aplicável à natureza do contrato;
- uma negociação que procure o balanceamento de direitos, obrigações e responsabilidades das partes, de modo a permitir um resultado equânime, o qual evite que o resultado final não seja um instrumento razoavelmente justo. É fundamental que a formulação contratual não leve ao surgimento de conflitos ou descumprimentos indesejáveis tão logo tenha início a execução do que ficou acordado, com uma das partes se sentindo de algum modo prejudicada por ter aceitado condições menos equilibradas.

Referências

ACQUIS GROUP. *Principles of the Existing EC Contract Law*. Munique: Acquis Group, 2009.

AGUIAR DIAS, José. *Da responsabilidade civil*. 10. ed. Rio de Janeiro: Forense, 1995. v. 1.

ANDRADE JR., Attila de Souza Leão. *Comentários ao novo Código Civil*: direito das obrigações. Rio de Janeiro: Forense, 2003. v. 2, p. 235.

_____. *Das obrigações. Dos contratos*. 2. ed. Rio de Janeiro: Forense, 2006a. Respectivamente, tomos I e II de Comentários ao Novo Código Civil.

_____. *O capital estrangeiro no sistema jurídico brasileiro*. 2. ed. Rio de Janeiro: Forense, 2006b.

_____ *Contratos comerciais internacionais*. Rio de Janeiro: FGV, 2011.

ARAÚJO, Nádia. *Contratos internacionais*: autonomia da vontade. Mercosul e convenções internacionais. 4. ed. Rio de Janeiro: Renovar, 2011.

BAPTISTA, Luiz Olavo. *Dos contratos internacionais*: uma visão teórica e prática. São Paulo: Saraiva. 1994.

BELERIQUE, Sergio Barreira; RAPOSO, Marcos. *Gestão de contratos internacionais*. Rio de Janeiro: FGV, 2011.

BORROMEU DE ANDRADE, Carlos Cesar. Contratos comerciais internacionais. Rio de Janeiro: FGV, 2006.

_____. A solução de controvérsias no setor de óleo e gás: as tendências ao uso de meios menos adversariais na solução de tais conflitos. In: FERRAZ, Rafaela; MUNIZ, Joaquim de Paiva (coord.). Arbitragem doméstica e internacional: estudos em homenagem ao prof. Teophilo de Azeredo Santos. Rio de Janeiro. Forense, 2008.

_____. International Arbitration: Brazil Oil and Gas: In-House Counsel Perspective. In: NAON, Horacio Griguera; MASON Paul E. (coord.). *International Commercial Arbitration Practice*: 21st. Century Perspectives. São Francisco, CA: Mathew Bender/Lexis Nexis, 2010.

_____. Uma introdução aos contratos comerciais internacionais. In: LIMA, Miguel et al. (coord.). *Manual de economia e negócios internacionais*. São Paulo: Saraiva, 2011.

_____. Contratos financeiros internacionais: breve introdução às cláusulas básicas dos empréstimos internacionais sindicalizados. In: CANTIDIANO, Luiz Leonardo; MUNIZ, Igor (coord.) *Temas de direito bancário e do mercado de capitais*. Rio de Janeiro: Renovar, 2014.

BRASIL. Lei nº 7.565, de 19 de dezembro de 1986: dispõe sobre o Código Brasileiro de Aeronáutica. *Diário Oficial da União*, Brasília, DF, 20 dez. 1986. (Retificado em 30 dez.1986).

_____. Decreto nº 2.681, de 7 de dezembro de 1912: regula a responsabilidade civil das estradas de ferro. *CLBR*, Rio de Janeiro, 1912.

_____. Lei nº 10.406, de 10 de janeiro de 2002: institui o Código Civil. *Diário Oficial da União*, Brasília, DF, 11 jan. 2002.

CASTELLI, Thais. *Propriedade intelectual*: o princípio da territorialidade. São Paulo: Quartier Latin, 2006.

_____. *Gestão de contratos internacionais*. Rio de Janeiro: FGV, 2011.

CRETELLA NETO, José. *Contratos internacionais*: cláusulas típicas. São Paulo, Campinas: Millenium, 2011.

DAVID, René. *Os grandes sistemas do direito contemporâneo*. São Paulo: Martins Fontes, 1998a.

_____. *L'arbitrage dans le commerce internacionale*. Paris: Educ, 1998b.

DI PIETRO, Maria Sylvia. *Direito administrativo*. São Paulo: Atlas, 2010.

DOLINGER, Jacob. *Direito internacional privado*. Rio de Janeiro: Renovar. 2008.

ENNECCERUS, Ludwig. *Tratado de derecho civil, derecho de obligaciones*. 11. ed. Barcelona: Bosch, 1944 (tradução espanhola do original alemão da 36. ed. t. II, v. 1).

GOODE, Roy. *Commercial law*. Nova York: Penguin, 1995.

INTERNATIONAL CHAMBER OF COMMERCE (ICC). *International Commercial Terms* (Incoterms®). Paris: ICC, 2010.

LIMA, Miguel et al. Manual de economia e negócios internacionais. São Paulo: Saraiva, 2011.

MEDEIROS DA FONSECA, Arnoldo. *Caso fortuito e teoria da imprevisão*. 3. ed. Rio de Janeiro: Forense, 1958.

OLIVEIRA, Anísio José de. *A teoria da imprevisão nos contratos*. 2. ed. São Paulo: Leud, 1991.

RAMBERG, Jan. *Incoterms*. Paris: ICC, 2010.

RIBEIRO, Marilda Rosado de Sá. *Direito do petróleo*: as *joint ventures* na indústria do petróleo. 2. ed. Rio de Janeiro: Renovar, 2003.

SCHMITTHOFF, Clive M. *Export Trade*: The Law and Practice of International Trade. Londres: Stevens, 1990.

STRENGER, Irineu. *Contratos internacionais do comércio*. 3. ed. rev. e ampl. São Paulo: LTr, 1998.

UFF, John. *Construction Law*. 8. ed. Londres: Sweet & Maxwell, 2009.

Os autores

Carlos Cesar Borromeu de Andrade

Mestre em sistemas de controle de gestão pela Universidade Federal Fluminense (UFF), pós-graduado em comércio exterior e finanças internacionais pela Escola Brasileira de Administração Pública e de Empresas (Ebape) da Fundação Getulio Vargas (FGV). Fez cursos sobre *international petroleum contracts* na Dundee University e na University of Houston. Advogado com grande experiência nas áreas comercial, de energia e de solução de disputas. Atualmente é o gerente do jurídico internacional de grande empresa petrolífera, supervisionando a atuação em cerca de 30 países. Membro da Association of International Petroleum Negotiators (AIPN), integrou a diretoria da associação no biênio 2007-08. É membro dos comitês de arbitragem da Câmara de Comércio Internacional de Paris e da American Arbitration Association. Professor convidado em cursos da Fundação Getulio Vargas desde 1982, ministra aulas de comércio exterior, contratos comerciais internacionais e contratos financeiros internacionais, tendo colaborado na implantação e coordenação dos programas dos primeiros MBAs da área de direito. Atualmente coordena o curso sobre regulação e negócios de petróleo e gás. Vem atuando como colaborador em obras coletivas publicadas sobre energia, direito do comércio exterior e solução de disputas.

Attila de Souza Leão Andrade Jr.

Doutor em ciências jurídicas (JSD) e mestre em direito (*master of laws*) da Yale Law School. Bacharel em direito pela Universidade Federal do Rio de Janeiro (UFRJ). Professor visitante da Faculdade de Direito da Universidade da Flórida, em Gainesville, e professor convidado da FGV Management. Advogado. Sócio-fundador de escritório de advocacia especializado em direito internacional, societário, tributário e contratos em geral. Autor de 20 obras publicadas no Brasil e no exterior, entre elas, *O capital estrangeiro no sistema jurídico brasileiro* (primeira edição, prefaciada por Pontes de Miranda), *Comentários ao novo Código Civil*, em oito volumes, *Guidelines on Brazil's foreign investment law* e *USA 2030 Predictions* (kindle).

Sergio Barreira Belerique

Mestre em direito civil e direito processual civil pela Universidade Estácio de Sá e pós-graduado em direito do petróleo, gás natural e da energia pela Universidade Candido Mendes (Ucam). Bacharel em direito pela Universidade Estácio de Sá. Participou de curso de especialização em direito marítimo na The Shipping Law Summer Law School (Lloyd's List Events), em West Sussex (Inglaterra), e de curso de direito contratual comparado na Tulane University School of Law, Institute of European Legal Studies (França). Atuou no Petrobras High Performance Team (Saunder School of Business, University of British Columbia, Vancouver – Canadá), e participou do curso Chartering: a Practical Approach, do Maritime Training Programme na Cambridge Academy of Transport. Advogado em matérias de direito comercial, contratual, contencioso e internacional, integrou o departamento jurídico de grande empresa seguradora. Atualmente faz parte da área jurídica de grande empresa petrolífera, atuando como profissional sênior no setor internacional. Professor de direito, atualmente é professor convidado do FGV Management e autor de artigos nas áreas cível e comercial.

Thais Castelli

Mestre em direito das relações econômicas internacionais pela Pontifícia Universidade Católica (PUC) de São Paulo. MBA em gestão de negócios pela Fundação Getulio Vargas (FGV-SP). Bacharel em direito. Atuou como gerente jurídica internacional, responsável pela criação de estrutura legal no exterior de grupo empresarial na área de cosméticos, e como gerente jurídica de estratégias internacionais para expansão de empresa e venda de unidades no exterior de grande empresa da área de alimentos. Atualmente é sócia de escritório de advocacia, prestando assessoria jurídica internacional. Autora de livro e artigos sobre propriedade intelectual e direito internacional. Professora convidada do FGV Management e do FGV Law, ministrando aulas no curso de MBA em Gestão de Comércio Exterior e Negócios Internacionais.

Este livro foi impresso nas oficinas gráficas da Editora Vozes Ltda.,
Rua Frei Luís, 100 – Petrópolis, RJ.